韓国語の基礎 I

飯田秀敏
鄭芝淑
飯田桃子

朝日出版社

韓国語の基礎Ⅰ 音声ストリーミングサイト URL

（添付CDにおける音声提供は終了いたしました）

https://text.asahipress.com/free/korean/kankiso1/index.html

音声ダウンロード

 音声再生アプリ「リスニング・トレーナー」（無料）

朝日出版社開発のアプリ、「リスニング・トレーナー（リストレ）」を使えば、教科書の音声をスマホ、タブレットに簡単にダウンロードできます。どうぞご活用ください。

まずは「リストレ」アプリをダウンロード

▶ App Store はこちら　　▶ Google Play はこちら

アプリ【リスニング・トレーナー】の使い方

❶ アプリを開き、「コンテンツを追加」をタップ
❷ QRコードをカメラで読み込む

❸ QRコードが読み取れない場合は、画面上部に 55732 を入力し「Done」をタップします

QRコードは㈱デンソーウェーブの登録商標です

まえがき

　韓国語が人気のある第２外国語の一つに数えられるようになってもう10年以上になります。今では大多数の大学で韓国語の授業が開講されていて毎年数多くの人が韓国語を学んでいます。わずか20年ほど前には考えられなかったような盛況です。しかし、学習者の数の上ではともかく質的な面を考えると、まだまだ私たち韓国語教育関係者の望むところまでには至っていないのが実情です。せっかく韓国語を勉強しようと決心したのに、韓国語に接するという程度にとどまり、実用的なレベルまで到達する人は非常に少ないのではないでしょうか。もちろん、韓国語に触れるだけでも大きな意味はあります。しかし、学習者と教師が費やす時間と精力を考えると、それだけではもったいない気がします。

　このテキストは、韓国語を学ぶ人が一人でも多く短期間に韓国語の基礎を学習し、実践的な学習へと進む準備を完成することを願って作りました。２巻で構成され本書はその１巻目です。韓国語の基礎とは実際の韓国語を読み、書き、聞き、話すために必要な最低限の知識とその運用能力のことを指します。それを具体的に示すと次のような事項です。

１．ハングル（韓国文字）の正確な読み書き
２．文の組み立て方
３．用言の活用
４．丁寧体とぞんざい体

　本書の第１の目標はハングルを正確に読み書きできるようにすることです。この段階をきちんと習得するかしないかがその後の学習の進み具合に大きく影響しますから、説明をよく理解し練習問題を通じて着実に読み書きができるようにしてください。

　韓国語の文の組み立て方のうち語順に関しては日本語の場合と非常によく似ていますからそれほど負担にはならないと思います。しかし、文を組み立てるには用言の活用が重要な役割を果たしており、これについてはかなり複雑な規則に習熟しなければなりません。日本語話者が韓国語を学ぶとき、文法については活用形の作り方と使い方を学習することに尽きると言っても過言ではありません。したがって、このテキストでは活用形の学習に重点を置いています。活用形の説明に「語基」という考え方を使います。これは少数派のやり方なのですが、「クールな」説明法で、よく整理されていて覚えやすいと思います。

　文体的には、本書では丁寧体（ハムニダ体とヘヨ体）だけを扱います。ただし、ヘヨ体の作り方はかなり複雑ですから、正則用言だけを学習します。

　語彙の学習は本書の目的ではありません。本書に登場する単語だけでは量的にも内容的にも不十分です。いずれは適当な市販の単語集を別途準備して学習しなければなりません。しかし、そうする前に文の組み立て方の基本を充分に学習することから始めてください。本書で学習する場合には辞書は必要ありません。読解と作文の問題を除いて、すべての例文、問題に日本語訳が与えてあります。

　練習問題の右肩に１から５までの番号を振ったボックスが付いていますが、これは、少なくとも５回は同じ練習をやって下さいという意味です。１回やるごとに数字を消していってください。韓国語に限らず外国語を学習する場合には、まず学習項目を充分に理解し、理解したことを自然に運用できるように練習を重ねることが絶対に必要です。本書の練習問題はそれほど難しいものではありませんから５回も練習すれば確実に覚えられると思います。

　せっかく韓国語を習ってみようと思い立ったのですから、どうせやるなら使えるレベルに到達するところまで努力してみませんか。学習の順序・手順を間違えなければ、日本語話者にとって韓国語は比較的短期間にものにできる言語です。本書が皆さんのお役に立てれば幸いです。

　最後に、本書の企画から出版に至るまで、朝日出版社の山田敏之氏から多大な協力と助言をいただきました。この場を借りてお礼を申し上げます。

2015年９月

編者一同

目次

まえがき

文字と発音編
1. ハングル 1
2. 母音字母 2
3. 子音字母 5
4. 平音・濃音・激音 12
5. 有声化 14
6. 複合中声 15
7. 終声 18
8. 韓国語の音声 21
9. 連音化 23
10. 音声変化 25
11. 複合終声 29
12. 挨拶表現を書く 31

文法・表現編

第1課 지금 한국에 삽니다. 今、韓国に住んでいます。 36
①用言（動詞・形容詞・存在詞・指定詞） ②합니다体平叙形 ③助詞（…이/가, …을/를, …은/는, …에, …에서） ④一人称代名詞 ⑤句読法・分ち書き

第2課 취미가 무엇입니까? 趣味は何ですか。 42
①합니다体疑問形 ②疑問詞（무엇, 누구, 어디, 언제） ③助詞（…도） ④所有格代名詞（내, 제）

第3課 남동생도 있어요? 弟もいますか。 48
①해요体（指定詞、存在詞の場合） ②指示詞（이, 그, 저） ③返答の副詞

第4課 공부 잘해요? 勉強よくできますか。 54
①하다用言（하다動詞・하다形容詞） ②用言の活用と語基 ③活用語尾（-고, -지만, -죠, -면, -니까） ④助詞の省略 ⑤무엇の縮約

第5課 생일이 언제예요? 誕生日はいつですか。 60
①漢数詞 ②日付の表し方 ③해요体の作り方（子音語幹・ㄹ語幹） ④文末イントネーション ⑤短形否定 ⑥助詞の連続 ⑦丁寧の語尾-(이)요

第6課 **가족들과 같이 고향에 가요.** 家族と一緒に故郷に行きます。… 66
①固有数詞　②時刻・時間の表し方　③助詞…와/과，…(으)로　④해요体の作り方（母音語幹）

第7課 **배가 고프지 않아요?** お腹がすいていませんか。………… 72
①으語幹用言　②長形否定　③意志・推量語幹〜하-겠　④합니다体勧誘形〜합^{2}시다
⑤助詞…에게/한테（…に）　⑥位置名詞　⑦会話体における省略・短縮

第8課 **여기 주문 받으세요.** ここ注文取って下さい。……… 78
①敬語表現〜하^2-시　②不能表現못 〜하다/〜하-지 못하다　③願望表現〜하-고 싶다
④受益表現〜해 주다　⑤用言の副詞形〜하-게

第9課 **나도 방금 왔어요.** 私も今来たところです。…………… 84
①第Ⅲ語基の副詞的用法〜해-서　②過去形〜했（Ⅲ＋ㅆ）　③詠嘆形〜하-네요
④試行表現〜해 보다

付録

1. カギャ表 ………………………………………………………………………… 90
2. 仮名のハングル表記 …………………………………………………………… 91
3. 漢数詞 …………………………………………………………………………… 93
4. 固有数詞 ………………………………………………………………………… 95
5. 助詞のまとめ …………………………………………………………………… 96
6. 語基の用法のまとめ …………………………………………………………… 98
7. 韓日単語帳 ……………………………………………………………………… 101
8. 日韓単語帳 ……………………………………………………………………… 107

装丁・イラスト―明昌堂

韓国語の基礎 I

文字と発音編

① ハングル

　韓国語の表記に用いられる文字を**ハングル**という。ハングルは、世界の他の文字と違って、いつ誰が創ったかがわかっているという点で特異な文字である。李朝（1392～1910年）第4代の世宗大王（セジョン・デワン）が当時の学者達とともに長年にわたって研究・考案し、1443年に制定、1446年に『訓民正音』の名で公布した。かつては漢字とハングルの混用表記もあったが、現在は漢字をほとんど用いず、ハングルだけで表記する。

　「私たちのハングル」という表現をハングルで書き表すと、

우리 한글

のように4文字になる。ハングルは、우[u]、리[ri]、한[han]、글[kŭl]のように、1つの文字が1つの音節を表す**音節文字**である。

　ハングルはまた、[u, i, a, ŭ]のような母音を表す**母音字母**と[r, h, n, k, l]のような子音を表す**子音字母**の組み合わせで作られる**組み合わせ文字**である。

우		리		한			글		
ㅇ	ㅜ	ㄹ	ㅣ	ㅎ	ㅏ	ㄴ	ㄱ	ㅡ	ㄹ
—	[u]	[r]	[i]	[h]	[a]	[n]	[k]	[ŭ]	[l]
初声	中声	初声	中声	初声	中声	終声	初声	中声	終声

　　初声：音節の最初の子音
　　中声：音節の中心となる母音
　　終声：音節の最後の子音

　文字を構成するには初声を表す子音字母と中声を表す母音字母が必ず必要である。우[u]のように子音で始まらない音節を表す場合にも、初声として無音を表すㅇを書く。終声は必ずしも必要ではない。

　母音字母が10個、子音字母が14個あり、合計24個の字母の組み合わせで作られる2000文字程度のハングルが用いられている。

文字練習1

우리 한글	우리 한글	우리 한글

2 母音字母

母音字母10個のうち、まず**基本母音字母**6個を覚える。

| ト | ㅓ | ㅗ | ㅜ | ㅡ | ㅣ |
| a | ŏ | o | u | ŭ | i |

字母	発音	説明	唇の形
ㅏ	[a]	日本語の「ア」とほぼ同じ。	非円唇
ㅓ	[ŏ]	唇を丸めずに発音する「オ」。	非円唇
ㅗ	[o]	唇をきちんと丸めて発音する「オ」。	円唇
ㅜ	[u]	唇を強く丸めて発音する「ウ」。	円唇
ㅡ	[ŭ]	「イ」のように唇を横に引いて発音する「ウ」。	平唇
ㅣ	[i]	日本語の「イ」とほぼ同じ。	平唇

※形の似た字母は唇の形も似ていることに注意。

基本母音字母の最初の4個ㅏ、ㅓ、ㅗ、ㅜに短い画をもう一つ加えると、それぞれの音の前に半母音[y]を付けた音、つまり「ヤ行音」が派生される。

| ㅑ | ㅕ | ㅛ | ㅠ |
| ya | yŏ | yo | yu |

字母	説明
ㅑ	日本語の「ヤ」と同じ。
ㅕ	唇を丸めないで発音する「ヨ」。
ㅛ	唇をきちんと丸めて発音する「ヨ」。
ㅠ	唇を強く丸めて発音する「ユ」。

以上10個の母音字母の左や上に初声が無音であることを示す子音字母ㅇを書くと、それぞれの母音を表す文字ができる。

CD-2

| 아 | 야 | 어 | 여 | 오 | 요 | 우 | 유 | 으 | 이 |
| a | ya | ŏ | yŏ | o | yo | u | yu | ŭ | i |

初声を書く位置は「**中声字母の縦画が長いときはその左に、横画が長いときにはその上に**」という原則に従う。

【発音記号】

ハングルは音を表す音標文字だが、様々な理由により綴りと発音の食い違いが生じる。発音を正確に表すには発音記号が必要である。[ŏ, ŭ, ʃ, ɛ, ŋ, ħ] など特殊な記号もあって難しく見えるかもしれないが、慣れてしまえば便利なものであるから、着実に覚えることが望ましい。

発音練習1 （基本母音字母） CD-3 ①②③④⑤

아 어 이　　어 이 아　　이 아 어　　이 어 아
오 우 으　　우 으 오　　으 오 우　　으 우 오
아 오 이　　어 으 오　　이 우 오　　아 우 어

発音練習2 （派生母音字母） CD-4 ①②③④⑤

야 요 유 여　　유 야 여 요　　야 여 요 유
이 야 으 요　　오 유 어 여　　아 요 우 여
유 아 야 어　　요 으 유 오　　야 우 여 이

聞き取りテスト1 聞こえた方に○を付けなさい。それぞれ2度ずつ発音される。 CD-5

① 아　어　② 오　어　③ 오　우　④ 으　우
⑤ 으　이　⑥ 야　여　⑦ 요　여　⑧ 요　유

聞き取りテスト2 聞こえた音をハングルで書き取りなさい。それぞれ2度ずつ発音される。 CD-6

①	②	③	④	⑤
⑥	⑦	⑧	⑨	⑩

【ハングルの書き順】

ハングルの書き順は、原則として漢字と同じで、上から下へ、左から右へ書く。ただ、「ㅇ」は上から始めて左回りに書く。明朝体の活字では「ㅇ」の上の部分に点が付いているが、手書きする場合にはこの点を書く必要はない。また、「ㅏ」を、カタカナの「ト」のように、短い画を右下がりに書くのも正しい書き方ではない。

文字練習1 初声と中声のバランス、点画のバランスや角度などに注意すること。 1 2 3 4 5

아	야	어	여	오	요	우	유	으	이
子供 아이	弟、妹 아우	キュウリ 오이	続いて 이어	キツネ 여우					
【牛乳】 우유	【理由】 이유	【与野】 여야	【余裕】 여유	ヨーヨー 요요					

※訳語が【　】に入っているものは漢字表記すれば日韓共通であることを示す。以下同じ。

3 子音字母

子音字母14個は5つのグループに分けられる。各グループには代表格の字母（**基本子音字母**）があり、その形にはそれぞれ由来がある。他の子音字母（**派生子音字母**）は基本字母の形に手を加えて創られている。

(1) 基本子音字母

字母	説　　明
ㅁ	マ行頭音（両唇鼻音）の [m] を表す。[m] を発音するとき唇を閉じることから「口」をかたどって創られた。
ㄴ	ナ行頭音（歯牙鼻音）の [n] を表す。[n] を発音するとき舌先が持ち上がって歯の裏に付くその形をかたどって創られた。
ㅅ	サ行頭音（歯牙摩擦音）の [s] を表す。ハングル創製当時は「ㅅ」の形で書かれ、これは歯をかたどって創られた。[i, y, wi] の前では [ʃ] と発音される。例えば、'시, 샤' はそれぞれ日本語の「シ、シャ」のように発音される。
ㄱ	カ行頭音（軟口蓋閉鎖音）の [k] を表す。[k] を発音するとき舌の奥の方（後舌面）が持ち上がって口の天井の奥（軟口蓋）に付くので、このときの舌の形をかたどって創られた。
ㅇ	初声の位置では無音を、終声（パッチム）の位置では [ŋ] を表す。[ŋ] は喉の奥で発音されると解されたため、喉をかたどって創られた。

※ㄱとㄴは文字の左に書かれるときは、形が多少変わることに注意。

発音練習1 次のハングルを読みなさい。　　　　　　　　　　　　　1 2 3 4 5

마 나 가 사　　고 노 소 모　　니 미 시 기
구 머 느 수　　서 무 너 그　　누 스 거 므
교 냐 뮤 셔　　뉴 며 규 쇼　　묘 슈 겨 뇨

聞き取りテスト1 聞こえた音をハングルで書き取りなさい。それぞれ2度ずつ発音される。

①	②	③	④	⑤
⑥	⑦	⑧	⑨	⑩

文字練習 1

【無視】	【歌手】	【少女】	【規模】	【教師】
무시	가수	소녀	규모	교사
ガス	ユーモア	ニュース	すでに	ゴム
가스	유머	뉴스	이미	고무
母	松	男らしい男	いいえ	あまりにも
어머니	소나무	사나이	아니요	너무나

(2) 派生子音字母

ㅁ, ㅂ, ㅍ	両方の唇を閉じて発音される音（唇音）のグループ

ㅁ	ㅂ	ㅍ
m	p	p^h

字母	説　　明
ㅁ	マ行頭音（両唇鼻音）の [m] を表す。
ㅂ	**平音**のパ行頭音（両唇閉鎖音）[p] を表す。
ㅍ	**激音**のパ行頭音 [p^h] を表す。

平音：軽く息を出しながら発音される音
激音：強く息を出しながら発音される音

平音と激音の違いで単語が区別される。

비 [pi]（雨）～ 피 [p^hi]（血）

비서 [pi:sŏ]【秘書】～ 피서 [p^hi:sŏ]【避暑】

보수 [po:su]【保守】～ 포수 [p^ho:su]【捕手】

3 ● 子音字母

【平音と激音の区別】
日本語で外来語の「パーク、ピン、プール、ポート」を普通に発音した場合のパ行音は韓国語の平音바, 비, 부, 보に近い。一方、英語の park, pin, pool, port は強い息を伴って発音され、韓国語の激音파, 피, 푸, 포に近い。

発音練習2 次のハングルを読みなさい。　CD-12　　　1 2 3 4 5

마 바 파　　피 미 비　　무 푸 부　　포 모 보
뷰 프 묘　　버 며 표　　므 벼 펴　　브 퍼 뮤

聞き取りテスト2 聞こえた方に○を付けなさい。それぞれ2度ずつ発音される。　CD-13

① 바　파　② 비　피　③ 부　푸　④ 브　프　⑤ 벼　펴

聞き取りテスト3 聞こえた音をハングルで書き取りなさい。それぞれ2度ずつ発音される。　CD-14

①	②	③	④	⑤
⑥	⑦	⑧	⑨	⑩

文字練習2　CD-15　　　1 2 3 4 5

【毛皮】	【父母】	【小包】	【婦女】	【表示】
모피	부모	소포	부녀	표시

石鹸	パーマ	バス	スーパー	かさ、大きさ
비누	파마	버스	슈퍼	부피

ㄴ, ㄷ, ㅌ, ㄹ	舌先と歯の裏で発音される音（歯牙音）のグループ

ㄴ	ㄷ	ㅌ	ㄹ
n	t	tʰ	l/r

字母	説 明
ㄴ	ナ行頭音（歯牙鼻音）の [n] を表す。
ㄷ	平音のタ行頭音（歯牙閉鎖音）[t] を表す。
ㅌ	激音のタ行頭音 [tʰ] を表す。
ㄹ	母音の前ではラ行頭音 [r] を表し、語末や子音の前では [l] で発音される。

※これらの字母は文字の左に書かれるとき多少形が変わる。

発音練習3　次のハングルを読みなさい。

나 다 타 라　　토 도 로 노　　리 니 티 디
트 두 녀 러　　됴 트 더 냐　　뉴 려 터 드

聞き取りテスト4　聞こえた方に○を付けなさい。それぞれ２度ずつ発音される。

① 다　타　② 디　티　③ 두　투　④ 드　트　⑤ 도　토

聞き取りテスト5　聞こえた音をハングルで書き取りなさい。それぞれ２度ずつ発音される。

①	②	③	④	⑤
⑥	⑦	⑧	⑨	⑩

文字練習3

【道路】	【投手】	【都市】	【高麗】	【打破】
도로	투수	도시	고려	타파

国	再び	粉	橋、脚	頭
나라	다시	가루	다리	머리

ギター	ノート	番組	メートル	パーティー
기타	노트	프로	미터	파티

ㅅ, ㅈ, ㅊ　舌と歯との間で作られる摩擦を伴う音のグループ

ㅅ	ㅈ	ㅊ
s	c	cʰ

字母	説　　明
ㅅ	サ行頭音（歯牙摩擦音）の [s] を表す。
ㅈ	平音のチャ行頭音（破擦音）[c] を表す。
ㅊ	激音のチャ行頭音 [cʰ] を表す。

※ ㅈ,ㅊはㅈ,ㅊのように書かれることもある。

発音練習4　次のハングルを読みなさい。

사 자 차　　시 지 치　　조 초 소　　처 저 서
스 추 조　　즈 차 소　　쳐 저 쇼　　죠 츠 져

聞き取りテスト6　聞こえた方に○を付けなさい。それぞれ2度ずつ発音される。

① 자　차　　② 저　처　　③ 조　초　　④ 주　추　　⑤ 지　치

聞き取りテスト7　聞こえた音をハングルで書き取りなさい。それぞれ2度ずつ発音される。

①	②	③	④	⑤
⑥	⑦	⑧	⑨	⑩

【ここに注意】
져, 쳐, 죠などは、それぞれ저, 처, 조と同じ発音になる。しかし、発音は同じでも綴りとしては常に区別される。ハングルは音標文字であるといっても、音と綴りが正確に1対1で対応しているわけではなく、異なる綴りが同じに発音される例は他にも数多くある。

文字練習４

【住所】 주소	【資料】 자료	【価値】 가치	【基礎】 기초	【注射】 주사
【指示】 지시	【処置】 처치	【差異】 차이	【調査】 조사	【駐車】 주차
スカート 치마	まるで 마치	席 자리	唐辛子 고추	ジュース 주스

| ㄱ, ㅋ | 舌の奥を持ち上げて軟口蓋に付けて発音される音（軟口蓋音）のグループ |

字母	説　　明
ㄱ	平音のカ行頭音（軟口蓋閉鎖音）［k］を表す。
ㅋ	激音のカ行頭音［kʰ］を表す。

| ㅇ, ㅎ | 喉の奥で発音される音のグループ |

字母	説　　明
ㅇ	初声としては無音、終声としては鼻濁音（軟口蓋鼻音）の［ŋ］を表す。
ㅎ	ハ行頭音（声門摩擦音）の［h］を表す。ただし、日本語の［h］よりかなり弱い。

3 ● 子音字母

発音練習5 次のハングルを読みなさい。 　　　CD-24

가 카 하　　크 흐 그　　호 고 코　　히 기 키
후 커 고　　켜 허 구　　교 햐 큐　　혀 규 커

聞き取りテスト8 聞こえた方に○を付けなさい。それぞれ2度ずつ発音される。　CD-25

① 가　카　　② 거　커　　③ 고　코　　④ 그　크　　⑤ 기　키

聞き取りテスト9 聞こえた音をハングルで書き取りなさい。それぞれ2度ずつ発音される。　CD-26

①	②	③	④	⑤
⑥	⑦	⑧	⑨	⑩

文字練習5　CD-27

カバ	【湖水】	【虚無】	コショウ	腰
하마	호수	허무	후추	허리

コーヒー	ホッケー	フォーク	スキー	コート
커피	하키	포크	스키	코트

④ 平音・濃音・激音

　韓国語の無声子音では、すでに習った平音、激音の区別の他に濃音と呼ばれる音を区別しなければならない。濃音は平音字母を重ねて表記する。発音記号は平音字母の右肩にアポストロフィ（'）を付けて表すことにする。

平音	ㄱ, ㄷ, ㅂ, ㅈ, ㅅ	軽く息を出しながら発音される音
濃音	ㄲ, ㄸ, ㅃ, ㅉ, ㅆ	息をまったく出さずに喉を緊張させて発音される音
激音	ㅋ, ㅌ, ㅍ, ㅊ	強く息を出しながら発音される音

ㄲ　ㄸ　ㅃ　ㅉ　ㅆ
k'　t'　p'　c'　s'

CD-28
平音：가 다 바 자 사　　고 도 보 조 소　　기 디 비 지 시
濃音：까 따 빠 짜 싸　　꼬 또 뽀 쪼 쏘　　끼 띠 삐 찌 씨
激音：카 타 파 차　　코 토 포 초　　키 티 피 치

【平音・濃音・激音の区別のコツ】
日本語話者が普通に「カ、タ、パ、チャ、サ」と言えば、韓国語の平音가, 다, 바, 자, 사に近い。「カ、タ、パ、チャ」を強く息を出しながら発音すると、激音의카, 타, 파, 차になる。濃音を発音するには、喉を緊張させ息の流れを一旦止めるようにして、前に「ッ」があるように意識しながら、「ッカ、ッタ、ッパ、ッチャ、ッサ」と言えばよい。このとき、息がまったく出ないようにすることが肝心。「うっかり、ばったり、やっぱり、うっちゃり、あっさり」などの語を使って練習するとよい。

CD-29 【発音練習1】 次のハングルを読みなさい。　1 2 3 4 5

구 꾸 쿠　　더 떠 터　　쁘 프 브　　처 저 쩌　　스 쓰
쓰 쁘 꾸 뜨 찌　　끄 쑤 떠 쭈 뻬　　쯔 꺼 뿌 쓰 뚜
짜 고 티 수 퍼　　지 뜨 써 삐 꺼　　크 사 버 츠 디

CD-30 【聞き取りテスト1】 聞こえたものに○を付けなさい。それぞれ2度ずつ発音される。

① 고　코　꼬　　② 두　투　뚜　　③ 버　퍼　뻐
④ 즈　츠　쯔　　⑤ 시　씨

4 ●平音・濃音・激音

聞き取りテスト2 聞こえた音をハングルで書き取りなさい。それぞれ2度ずつ発音される。 CD-31

①	②	③	④	⑤
⑥	⑦	⑧	⑨	⑩

文字練習1 CD-32　　1 2 3 4 5

カササギ	偽物	ウサギ	父さん	別に
까치	가짜	토끼	아빠	따로

ちびっ子	兄さん	さっき	忙しく	後で
꼬마	오빠	아까	바빠	이따

苔	しきりに	従って	塩辛いです	書きます
이끼	자꾸	따라	짜요	써요

⑤ 有声化

ㅅを除く平音は、有声音の間に挟まれるとき有声化して［g, d, b, j, ɦ］で発音される。韓国語の有声音は、母音のすべてと鳴音（母音的性質を持った子音：ㄴ, ㅁ, ㅇ, ㄹ）である。

| 有声化規則 | ㄱ, ㄷ, ㅂ, ㅈ, ㅎ ⇒ ［g, d, b, j, ɦ］／〔有声音の間で〕 |

CD-33

가구【家具】［kagu］　　사고【事故】［saːgo］
지도【地図】［ɕido］　　가다［kada］（行く）
부부【夫婦】［pubu］　　나비［nabi］（チョウ）
지지【支持】［ɕiji］　　아주［aju］（とても）
부호【符号】［puɦo］　　이하【以下】［iːɦa］

平音のうちㅅだけは決して有声化しない。

도시【都市】［toɕi］　　가스［kasŭ］（ガス）
기사【記事】［kisa］　　호수【湖水】［hosu］（湖）

CD-34 文字練習 1　　　　　　　　　　　　　　　　１２３４５

【地球】 지구	【帽子】 모자	【首都】 수도	【主婦】 주부	【午後】 오후
馬鹿 바보	肉 고기	海 바다	ズボン 바지	【地下】 지하
どこ 어디	【記号】 기호	チョゴリ 저고리	父 아버지	【陶磁器】 도자기
【歌詞】 가사	【秘書】 비서	バス 버스	【街路樹】 가로수	コンブ 다시마

6 複合中声

　中声の位置に母音字母が2個あるいは3個組み合わされたものが来ることがある。これを**複合中声**と呼び、全部で11個ある。
　11個のうち次の5個は理屈抜きで覚えなければならない。

字母	説明
ㅐ	「ㅏ+ㅣ」の組み合わせで広い「エ」［ɛ］を表す。
ㅔ	「ㅓ+ㅣ」の組み合わせで狭い「エ」［e］を表す。
ㅒ	「ㅑ+ㅣ」の組み合わせで二重母音の［yɛ］を表す。
ㅖ	「ㅕ+ㅣ」の組み合わせで二重母音の［ye］を表す。
ㅚ	「ㅗ+ㅣ」の組み合わせで二重母音の［we］を表す。

　最近の韓国語では広い「エ」と狭い「エ」の区別がされない傾向にあるので、発音上は違いに気を使う必要はない。しかし、綴り字では常に区別されるので注意しなければならない。

　　　내 ［nɛ］（私の）　　～　　네 ［ne］（君の、お前の）

　　　개 ［kɛː］（犬）　　～　　게 ［keː］（カニ）

　　　새로 ［sɛro］（新たに）　～　　세로 ［seːro］（縦に）

　　　모래 ［morɛ］（砂）　～　　모레 ［more］（明後日）

【ㅖの発音に注意】
ㅖは初声の子音がない예の場合だけ［ye］と読まれ、それ以外の場合は、単純母音の［e］で読まれる。
　　예고【予告】［yeːgo］　　도예【陶芸】［toye］
　　계기【契機】［keːgi］　　지혜【知恵】［cihe］
　　폐지【廃止】［pʰeːji］　　무례【無礼】［mure］

発音練習1 次のハングルを読みなさい。　CD-35　　1 2 3 4 5

애 에 얘 예 외　　에 외 애 얘 예　　외 애 에 얘 예
개 괴 걔 계 계　　매 베 쇠 폐 재　　뇌 대 혜 세 뵈

文字練習1

【売買】	【制度】	【態度】	【予備】	【気体】
매매	제도	태도	예비	기체

【陶芸】	【紙幣】	【世界】	【材料】	【話】
도예	지폐	세계	재료	얘기

【例外】	【無罪】	【会社】	【内外】	【衰退】
예외	무죄	회사	내외	쇠퇴

残る6個の複合中声は、組み合わされた母音字母を一気に発音すればよい。このとき、最初の字母が半母音化して［w］となる。ㅢだけは例外的に最後の字母が半母音化して［y］となる。

과	괘	궈	귀	궤	ㅢ
wa	wɛ	wŏ	wi	we	ŭy

字母	説明
과	「ㅗ＋ㅏ」の組み合わせで二重母音の［wa］を表す。
괘	「ㅗ＋ㅐ（ㅏ＋ㅣ）」の組み合わせで二重母音の［wɛ］を表す。
궈	「ㅜ＋ㅓ」の組み合わせで二重母音の［wŏ］を表す。
귀	「ㅜ＋ㅣ」の組み合わせで二重母音の［wi］を表す。
궤	「ㅜ＋ㅔ（ㅓ＋ㅣ）」の組み合わせで二重母音の［we］を表す。
ㅢ	「ㅡ＋ㅣ」の組み合わせで二重母音の［ŭy］を表す。

6 ● 複合中声

【의の発音に注意】
의の発音はかなり変則的で、의で始まる語の場合だけ [ŭy] と読まれ、それ以外の場合は [i] と読まれる。また、의が「の」に当たる助詞として使われるときは、[e] と読むのが普通である。

의사【医師】[ŭysa]　　의미【意味】[ŭy:mi]
회의【会議】[hwe:i]　　거의 [kŏ:i]（ほとんど）
희소【稀少】[hiso]　　무늬 [muni]（柄、模様）
세계의 미래【世界-未来】[se:ge-e mi:rɛ]（世界の未来）

11個の複合中声をまとめると、次のようになる。

애	에	얘	예	외	와	왜	워	위	웨	의
ɛ	e	yɛ	ye	we	wa	wɛ	wŏ	wi	we	ŭy

発音練習2 次のハングルを読みなさい。

와 의 위 워 왜　　의 웨 왜 와 워　　웨 위 와 의 워
귀 괘 궤 과 귀　　띠 봐 쉐 눠 취　　뒤 꽤 희 뭐 돼

文字練習2

【過去】過去	【対話】対話	【軌道】軌道	【趣味】趣味	【左右】左右
과거	대화	궤도	취미	좌우

休む	【閉鎖】閉鎖	はさみ	パワー	与えます
쉬다	폐쇄	가위	파워	줘요

ブタ	【意義】意義	【医師】医師	【注意】注意	【会議】会議
돼지	의의	의사	주의	회의

7 終声

　終声（パッチム）の位置には、14個の子音字母のすべてと濃音字母のうちㄲとㅆが現れる。その他に2個の異なる子音字母の組み合わせ（複合終声）が11通りパッチムとして用いられる。パッチムは以上の27通りに綴られるが、音声としては7通りしかない。終声字母の読み方に関する規則を**終声規則**という。複合終声の場合は後で扱うことにして、ここでは残りの16通りの場合を学習する。

(1) 鳴音の場合

字母		説　　明
鼻音	ㅁ	マ行頭音 [m]。しっかり唇を閉じる。
	ㄴ	ナ行頭音 [n]。しっかり舌先を歯の裏側に付ける
	ㅇ	[g] の鼻音 [ŋ]。後に何も続かない場合の「ン」に近い。
流音	ㄹ	「イ」または「エ」の口立てで発音される [l]。

※ㅁとㄴの発音に特に注意。

손 [son]（手）　　　　김 [ki:m]（海苔）

공 [ko:ŋ]（ボール）　　열【熱】[yŏl]

민감【敏感】[mingam]　　암실【暗室】[a:mʃil]

실망【失望】[ʃilmaŋ]　　행진【行進】[hɛŋjin]

※민감, 행진の場合のように、鳴音と母音の間でも平音が有声化することに注意。

CD-41 発音練習1 次のハングルを読みなさい。　　1 2 3 4 5

손 만 분　　　섬 남 침　　　강 등 성　　　달 절 길
안 암 앙 알　　쌈 쌀 쌍 싼　　짐 질 징 진
선 꿈 딸 방　　뿔 힘 콩 잔　　꿩 풀 뺨 쉰

CD-42 聞き取りテスト1 聞こえたものに○を付けなさい。それぞれ2度ずつ発音される。

① 손 솜 송　　② 진 짐 징　　③ 단 담 당　　④ 헌 험 헝

CD-43 聞き取りテスト2 聞こえた音をハングルで書き取りなさい。それぞれ2度ずつ発音される。

①		②		③		④		⑤	
⑥		⑦		⑧		⑨		⑩	

文字練習 1

【新聞】신문	【安心】안심	【眼鏡】안경	【建物】건물
【謙遜】겸손	昼ご飯 점심	【心情】심정	【厳密】엄밀
【精神】정신	冗談 농담	【共同】공동	【忠実】충실
【不満】불만	【実感】실감	【説明】설명	顔 얼굴
【経験談】경험담	【万年筆】만년필	先生 선생님	【中心線】중심선

(2) 阻害音の場合

　終声の位置に来る阻害音字母（鳴音字母以外の子音字母）は、**非開放**の閉鎖音 [ᵖ]、[ᵏ]、[ᵗ] のどれかで発音される。非開放音の発音記号は開放音の記号を上に上げて書く。

　非開放閉鎖音：閉鎖を作った状態を保ったまま開放されない音

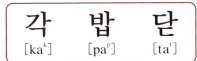

　3種の非開放閉鎖音への振り分けは次のようになされる。

発音	パッチムとなる子音字母
[ᵖ]	唇音：ㅂ, ㅍ
[ᵏ]	軟口蓋音：ㄱ, ㄲ, ㅋ
[ᵗ]	その他すべて：ㄷ, ㅌ, ㅅ, ㅆ, ㅈ, ㅊ, ㅎ

※この順序で覚えることが重要。[ᵗ] を先に覚えようとすると複雑になる。

CD-45

집 [ciᵖ] (家)　　짚 [ciᵖ] (わら)
입 [iᵖ] (口)　　잎 [iᵖ] (葉)

꼭 [k'oᵏ] (必ず)　　역【駅】[yŏᵏ]
밖 [paᵏ] (外)　　부엌 [puŏᵏ] (台所)

곧 [koᵗ] (すぐ)　　밭 [paᵗ] (畑)　　겟 [keᵗ] (〜だろう)
빗 [piᵗ] (くし)　　빚 [piᵗ] (借金)　　빛 [piᵗ] (光)
히읗 [hiŭᵗ] 〔字母「ㅎ」の名称〕

> **【ここがポイント：終声の発音】**
> 終声規則の働きは終声を非開放化すること、つまり閉鎖状態を維持することにある。これは阻害音の場合だけではなく、鳴音の場合も同じである。パッチムの発音を練習する際には常にこのことを念頭に置かなければならない。日本語話者はパッチムの発音が苦手であると言われるが、非開放ということを意識して練習をすれば、さほど難しいことではない。
> 平音・濃音・激音の区別が開放の仕方の違いであることを考えれば、非開放化である終声規則にその区分が失われることは当然のことである。

CD-46　発音練習2　次のハングルを読みなさい。　1 2 3 4 5

잡　압　겹　츕　억　육　막　쑥　문　반　민　언
답　앞　읍　숲　뉴　엌　볶　옥　옷　밑　낯　몇　있
옆　갓　솥　꽃　닭　높　엿　급　섰　곁　늪　숯　녘

CD-47　文字練習2　1 2 3 4 5

沼	【法】	【薬】	畑	花	服	昼	ヨモギ	林	【答】
늪	법	약	밭	꽃	옷	낮	쑥	숲	답

終わり	前	飴	お宅	いくつ	コップ	味	炭	下	中
끝	앞	엿	댁	몇	컵	맛	숯	밑	속

【記憶】	【干渉】	【月給】	考え	財布
기억	간섭	월급	생각	지갑

癖	夜昼	あらゆる	膝	内外
버릇	밤낮	온갖	무릎	안팎

⑧ 韓国語の音声

　ここまでハングルをどう読むか、文字から発音の方向で解説してきたが、ここで韓国語の音声体系の観点から整理しておくことにする。

(1) 母音

　母音は音質が一定している**単純母音**と、途中で音質が変わる**二重母音**とがある。

1) 単純母音

i （ㅣ）　　ŭ （ㅡ）　　u （ㅜ）
e （ㅔ）　　ŏ （ㅓ）　　o （ㅗ）
ɛ （ㅐ）　　a （ㅏ）

2) 二重母音

① 半母音 [y] で始まるもの
　ya （ㅑ）　yɛ （ㅒ）　yŏ （ㅕ）　ye （ㅖ）　yo （ㅛ）　yu （ㅠ）

② 半母音 [w] で始まるもの
　wa （ㅘ）　wɛ （ㅙ）　we （ㅚ, ㅞ）　wŏ （ㅝ）　wi （ㅟ）

③ 半母音 [y] で終わるもの
　ŭy （ㅢ）

3) 母音の長短

　韓国語には母音の長短の区別がある。

　　눈 [nuːn]（雪）　　～　　눈 [nun]（目）
　　말 [maːl]（言葉）　～　　말 [mal]（ウマ）
　　밤 [paːm]（クリ）　～　　밤 [pam]（晩）
　　사과【謝過】[saːgwa]（謝罪）　～　사과【沙果】[sagwa]（リンゴ）
　　과장【誇張】[kwaːjaŋ]　～　과장【課長】[kwajaŋ]

　ただし、長短の区別があるのは単語の最初の音節だけで、2音節目以降ではすべて短く発音される。

　　감동【感動】[kaːmdoŋ]　～　실감【実感】[ʃilgam]
　　대리【代理】[tɛːri]　　～　시대【時代】[ʃidɛ]
　　행복【幸福】[hɛːnboᵏ]　～　불행【不幸】[pulɦɛŋ]
　　사실【事実】[saːʃil]　　～　기사【記事】[kisa]

　母音の長短の区別は綴り字にまったく反映されないため、最近の韓国語では区別が曖昧になってきている。

(2) 子音

		両唇音	歯牙音	歯茎口蓋音	軟口蓋音	喉音
閉鎖音	平音	p　（ㅂ）	t　（ㄷ）		k　（ㄱ）	
	濃音	p'　（ㅃ）	t'　（ㄸ）		k'　（ㄲ）	
	激音	p^h　（ㅍ）	t^h　（ㅌ）		k^h　（ㅋ）	
破擦音	平音			c　（ㅈ）		
	濃音			c'　（ㅉ）		
	激音			c^h　（ㅊ）		
摩擦音	平音		s　（ㅅ）			h　（ㅎ）
	濃音		s'　（ㅆ）			
鼻音		m　（ㅁ）	n　（ㄴ）		ŋ　（ㅇ）	
流音			l/r　（ㄹ）			
半母音		w			y	

① 激音は平音記号の右肩に［h］を付けて表す。
② 濃音は平音記号の右肩にアポストロフィ（'）を付けて表す。
③ ㅅとㅆは、母音［i］、半母音［y］、二重母音［wi］の前で、それぞれ［ʃ］と［ʃ'］に発音される。
④ ㅎは、母音の間では有声化して［ɦ］と発音される。
⑤ ㄹは、母音の前では日本語のラ行頭音の［ɾ］で発音される。

⑨ 連音化

| 連音化規則 | 終声を持つ文字の後に母音で始まる文字が続くとき、その終声は後の文字の初声のように読まれる。 | VC·V ⇒ V·CV |

언어【言語】⇒ [어너]   음악【音楽】⇒ [으막]
몸이（体が）⇒ [모미]   길은（道は）⇒ [기른]
방에（部屋に）⇒ [paŋe]

※ [ ] の中のハングル表記は、便宜的にハングルで読み方を表したものであるから、決してそのように綴ってはならない。以下同じ。

読み練習1

【恋愛】	【必要】	【韓日】	【繊維】	【中央】
연애	필요	한일	섬유	중앙

【単語】	【突然】	【店員】	【重要】	【不安】
단어	돌연	점원	중요	불안

パンを	氷	汗が	【山】に	鈴
빵을	얼음	땀이	산에	방울

【発音】が	【信仰】を	【三日】に	【発言】が	【犯人】を
발음이	신앙을	삼일에	발언이	범인을

阻害音終声が連音化すると、終声規則でなくなっていた平音・濃音・激音の区別が復活する。平音ㄱ, ㄷ, ㅂ, ㅈの場合は同時に有声化も生じる。

입이 [이비 ibi]（口が）　　잎이 [이피 ipʰi]（葉が）
복음 [보금 pogŭm]【福音】　　볶음 [보끔 pokʼŭm]（炒めもの）
부엌에 [부어케 puŏkʰe]（台所に）
받아 [바다 pada]（受け取って）　　맡아 [마타 matʰa]（引き受けて）
빗이 [비시 piʃi]（くしが）　　빚이 [비지 piji]（借金が）
빛이 [비치 picʰi]（光が）

【連音の異形】
語と語の境界では終声規則がまず働き、その結果に対して連音規則が適用される。例えば、맛없다 [마덥따]（不味い）、못 온다 [모돈다]（来られない）。맛있다（美味しい）には [마딛따] と [마싣따] の2通りの発音があるが、後者は元の表現である맛이 있다 [마시읻따] の短縮による。
日常の会話では、「名詞＋助詞」の結合においても、終声規則の結果に対して連音化した発音が使われることがある。例えば、부엌에 [부어케/부어게]（台所に）。また、パッチムのㅊが [ㅅ] の音で連音されることがある。例：꽃이 [꼬치/꼬시]（花が）、빛을 [비츨/비슬]（光を）など。

読み練習2

【作業】	【確認】	【合意】	【入院】	信念
작업	확인	합의	입원	믿음

味が	花が	高く	【駅】が	昼に
맛이	꽃이	높이	역이	낮에

中に	外に	家に	前に	下に
속에	밖에	집에	앞에	밑에

【職業】は	着ます	深いです	小さいです	磨きます
직업은	입어요	깊어요	작아요	닦아요

もらいます	引き受けます	洗います	あります	合っています
받아요	맡아요	씻어요	있어요	맞아요

他に次のような場合の連音に注意。

① **終声**：ㅎだけは連音せず、母音の前では無音になる。

　　좋아요　［조아요 coayo］（良いです）

　　좋으면　［조으면 coŭmyŏn］（良ければ）

　　좋은　［조은 coŭn］（良い）〔連体形〕

② **口蓋音化**：終声ㄷ, ㅌに이が続くとき、それぞれㅈ, ㅊで連音する。

　　굳이　［구지 kuji］（敢えて）

　　같이　［가치 kacʰi］（いっしょに）

　　붙이다　［부치다 pucʰida］（付ける）

読み練習3

積みます	生めば	入れます	置けば	積んだ
쌓아요	낳으면	넣어요	놓으면	쌓은

小豆が	畑が	終わりだ	日の出	
팥이	밭이	끝이다	해돋이	

> 【ハングル正書法の原則】
> 잎이（葉っぱが）を［이피］と読むのなら、どうして初めから이피と書かないのか、その方が読みやすいのにと思う人が多いかもしれない。しかし、そうしないところがハングル正書法の特徴であり優れた点なのである。ハングル正書法は「**どのように発音が変化しても、単語の綴りは原則として変わらない**」という大原則に支えられている。そして、漢字音も原則として常に同じ綴りで表記される。そのために、連音をはじめ様々な音韻規則に従って読み方を変えなければならないが、その代り単語の形が一定であるため、見て意味が理解しやすいのである。

⑩ 音声変化

　韓国語には、有声化や連音化の他にも多くの音声規則があり、語の発音が様々に変化する。それらの音声規則のうちこの教科書に関係するものだけを簡単に学習する。

CD-55

(1) 濃音化

　阻害音終声に続く平音は対応する濃音に発音される。この濃音化は阻害音パッチムを正しく発音していれば自然に生じる音声変化であるから、特に意識する必要はない。

| 濃音化 | ㄱ, ㄷ, ㅂ, ㅈ, ㅅ ⇒ [ㄲ, ㄸ, ㅃ, ㅉ, ㅆ]〔阻害音パッチムの後で〕|

　학교 [hak̚k'yo]【学校】　　　　합격 [hap̚k'yŏk̚]【合格】
　속도 [sok̚t'o]【速度】　　　　높다 [nop̚t'a]（高い）
　압박 [ap̚p'ak̚]【圧迫】　　　　숯불 [sup̚p'ul]（炭火）
　잡지 [cap̚c'i]【雑誌】　　　　닦자 [tak̚c'a]（磨こう）
　있다 [it̚t'a]（ある）　　　　밑줄 [mit̚c'ul]（下線）
　옷감 [ot̚k'am]（服地）　　　　낮잠 [nat̚c'am]（昼寝）

　ただし、阻害音終声＋ㅅの場合は、ㅅが濃音化されるとともに、終声 [ᵖ] [ᵏ] は開放化され、[ᵗ] は後続のㅅに同化される

　약속 [yaks'ok̚]【約束】　　　　입시 [ipʃ'i]【入試】
　햇살 [hɛs'al]（日差し）　　　잊습니다 [is'ŭmnida]（忘れます）

CD-56

読み練習1　　　　　　　　　　　　　　　　　　　　　1 2 3 4 5

【錯覚】	【接近】	【獲得】	【圧倒】	【特別】
착각	접근	획득	압도	특별
【答弁】	【国際】	【協調】	【即席】	【合成】
답변	국제	협조	즉석	합성
雑煮	深く	前後	笑う	花瓶
떡국	깊게	앞뒤	웃다	꽃병
血筋	食べよう	タクシー	唇	歯ブラシ
핏줄	먹자	택시	입술	칫솔

【濃音化】
濃音化は韓国語の音声変化の中で最も多様で複雑であり、ここに取り上げたもの以外に5、6通りの場合がある。それらについての解説は本書の続編に譲ることにして、本書にその例が現れる場合には変化の結果だけを発音表示で示すことにする。

CD-57 (2) 鼻音化

鼻音の前の阻害音終声は同化されて対応する鼻音に読まれる。

鼻音化 [ᵖ, ᵏ, ᵗ] ⇒ [m, ŋ, n] 〔鼻音初声 [ㅁ, ㄴ] の前で〕

십년 [심년] 【十年】	십만 [심만] 【十万】
앞날 [암날] (将来)	합니다 [함니다] (します)
작년 [장년] 【昨年】	한국말 [한궁말] 【韓国-】(韓国語)
국내 [궁내] 【国内】	책만 [챙만] (本だけ)
옛날 [옌날] (昔)	몇 명 [면명] (何名)
있니 [인니] (あるか)	끝나다 [끈나다] (終わる)
좋네 [존네] (いいねえ)	받는다 [반는다] (受け取る)

CD-58 読み練習2

【淑女】	【国民】	【百万】	【業務】	【入門】
숙녀	국민	백만	업무	입문
雨水	後日	何年	単語	花言葉
빗물	훗날	몇 년	낱말	꽃말
うそ	輝く	信じる	磨く	置く
거짓말	빛나다	믿는다	닦는다	놓는다

CD-59 (3) 流音化

流音ㄹに隣り合うㄴは同化して [ㄹ] に読まれる。

流音化 ㄴㄹ/ㄹㄴ ⇒ [ㄹㄹ]

진리 [질리] 【真理】	인류 [일류] 【人類】
일년 [일련] 【一年】	설날 [설랄] (元日)

CD-60 読み練習3

【便利】	【新羅】	【元来】	【信頼】	【権利】
편리	신라	원래	신뢰	권리
【七年】	【室内】	【刹那】	刃物の刃	水冷麺
칠년	실내	찰나	칼날	물냉면

(4) 激音化

ㅎに隣り合うㄱ, ㄷ, ㅂ, ㅈは激音 [ㅋ, ㅌ, ㅍ, ㅊ] に読まれる。

激音化	ㄱㅎ, ㅂㅎ, ㅈㅎ ⇒ [ㅋ, ㅍ, ㅊ]
	ㅎㄱ, ㅎㄷ, ㅎㅈ ⇒ [ㅋ, ㅌ, ㅊ]

역할 [여칼]【役割】   입학 [이팍]【入学】

잊히다 [이치다] (忘れられる)

좋고 [조코] (良いし)   어떻게 [어떠케] (どうやって)

놓다 [노타] (置く)   그렇지만 [그러치만] (そうだけど)

ㅅには激音がないため、ㅎㅅの連続は濃音 [ㅆ] に読まれる。

좋습니다 [조씀니다] (良いです)   낳습니다 [나씀니다] (生みます)

ㅅㅎの連続は激音 [ㅌ] に読まれる。

따뜻하다 [따뜨타다] (暖かい)

깨끗해요 [깨끄태요] (清潔です)

이것하고 [이거타고] (これと)

読み練習4

				1 2 3 4 5
【国会】	【特】に	婚約	【急行】	答える
국회	특히	약혼	급행	답하다
着せる	そのように	いいけど	できない	意味する
입히다	그렇게	좋지만	못하다	뜻하다

(5) n-挿入

語と語の連続において、前の語がパッチムで終わり、後の語が이, 야, 여, 요, 유で始まるとき、後の語の先頭の位置に [n] 音が挿入されることがある

n-挿入	이, 야, 여, 요, 유 ⇒ [니, 냐, 녀, 뇨, 뉴] 〔パッチムで終わる語の後で〕

집안일 [지반닐] (家事)   가정 요리 [가정뇨리]【家庭料理】

쉰 여섯 [쉰녀섣] (56)   발음 연습 [바름년습]【発音練習】

n-挿入の結果に対して、鼻音化や流音化が生じることがある。

십육 [십뉵→심뉵]【十六】   백육십 [백뉵십→뱅뉵씹]【百六十】

나뭇잎 [나묻닙→나문닙] (木の葉)   못 잊다 [몯닏따→몬닏따] (忘れられない)*

열 일곱 [열닐곱→열릴곱] (17)   서울역 [서울녁→서울력] (ソウル駅)

볼일 [볼닐→볼릴] (用事)   알약 [알냑→알략] (丸薬)

※못 잊다にはn-挿入を伴わない [모딛따] の発音もある。

(6) 単純母音化

早口の話し言葉では子音の後の[w]で始まる二重母音が単純母音化することがある。

単純母音化　[w] ⇒ φ〔子音の後で〕

칠월 [치월→치럴]【七月】　　　만 원 [마원→마넌]（1万ウォン）

백화점 [배콰점→배카점]【百貨店】　안 와요 [아놔요→아나요]（来ません）

쉬다 [시다]（休む）　　　　　　되다 [데다]（なる）

괜찮아요 [괜차나요→갠차나요]（大丈夫です）

(7) ㅎの脱落

ㅎは元々弱い音で有声音の間では有声化してさらに弱くなることはすでに学習した。特に、鳴音のパッチム（ㅁ, ㄴ, ㅇ, ㄹ）の後では、完全に脱落させて発音してもかまわない。

ㅎの脱落　ㅎ ⇒ φ〔鳴音パッチムの後で〕

심하다 [시마다]（ひどい）　　　열심히 [열씨미]【熱心-】（熱心に）

미안해 [미아내]（ごめん）　　　은행 [으냉]【銀行】

방학 [방악]（学校の長い休み）　안녕히 [안녕이]【安寧-】（無事に）

간절히 [간저리]【懇切-】（切に）　친절하다 [친저라다]【親切-】（親切だ）

⑪ 複合終声

終声の位置に2つの異なる子音字母が現れることがある。これを**複合終声**と呼ぶことにする。複合終声には次の11通りがある。

ㄳ	ㄵ	ㄶ	ㄺ	ㄻ	ㄼ	ㄽ	ㄾ	ㄿ	ㅀ	ㅄ
[ㄱ]	[ㄴ]	[ㄴ]	[ㄱ]	[ㅁ]	[ㄹ]	[ㄹ]	[ㄹ]	[ㅍ]	[ㄹ]	[ㅂ]

韓国語には、許される子音連続は語末では1個、語中では2個まで、という音声制約があるため、複合終声の読み方には次の規則が働く。

> **複合終声規則** 後に母音が続く場合には連音により両方の子音が読まれるが、それ以外の場合にはどちらか一方の子音しか読まれない。

どちらの子音を読むかについては明確な規則はなく※、上の表の下段に示した方が選択される。いちいち覚えるしかないが、複合終声を含む語の数は非常に限られているので、それらの語を学習するたびにどちらの字母が優先されるかを覚えていけばよい。

※原則としてカギャ表（付録1）で順序の早い方を読む。例外はㄻとㄿだけ。

以下、本書に登場する複合終声について学習する。

(1) 優先される子音 CD-66

優先して読まれる子音字母は、原則として複合終声ごとに決まっている。しかし、次の場合には、優先される子音字母が場合によって異なる。

① ㄺは体言の場合には常にㄱの方を優先して読むが、用言の場合にはㄱの前ではㄹの方を、その他の子音の前ではㄱの方を読む。

  닭 [닥 ta^k]（鶏）   닭과 [닥꽈 ta^{k}k'wa]（鶏と）

  맑다 [막따 ma^{k}t'a]（清い） 읽자 [익짜 i^{k}c'a]（読もう）

  읽고 [일꼬 ilk'o]（読んで） 맑군 [말꾼 malk'un]（清いなあ）

② ㄼはㄹを読むのが普通であるが、밟다（踏む）に限ってはㅂの方を読む。

  짧다 [짤따 c'alt'a]（短い） 얇게 [얄께 yalk'e]（薄く）

  밟다 [밥따 pa:^{p}t'a]（踏む） 밟고 [밥꼬 pa:^{p}k'o]（踏んで）

(2) 濃音化と激音化 CD-67

用言の活用形において、複合終声の後の平音は濃音化する。

  앉다 [안따 ant'a]（座る） 앉자 [안짜 anc'a]（座ろう）

  젊다 [점따 cŏ:mt'a]（若い） 젊고 [점꼬 cŏ:mk'o]（若くて）

  떫고 [떨꼬 t'ŏ:lk'o]（渋くて） 밝게 [발께 palk'e]（明るく）

ただし、ㄶとㅀの後の平音は激音化する。

  많다 [만타 ma:nt^{h}a]（多い） 많죠 [만쵸 ma:nc^{h}yo]（多いでしょう）

  싫다 [실타 ʃilt^{h}a]（嫌だ） 잃게 [일케 ilk^{h}e]（失くすように）

文字練習 1

値段	土	生きること	八つ	麓
값	흙	삶	여덟	기슭

ない、いない	明るい	茹でる	広い	載せる
없다	밝다	삶다	넓다	얹다

断つ	患う	読むこと	踏んで	嫌でしょう
끊다	앓다	읽기	밟고	싫죠

(3) 連音

複合終声の後に母音が続く場合には、両方の字母が読まれる。最初の字母は終声として読まれ、第2の字母は連音化により初声として読まれる。

맑음 [말금 malgŭm]（晴れ）　　젊은이 [절므니 cŏlmŭni]（若者）

넓이 [널비 nŏlbi]（広さ）　　밟아요 [발바요 palbayo]（踏みます）

앉아라 [안자라 anjara]（座れ）　　없어요 [업써요 ŏ:psʼŏyo]（ありません）

ただし、ᆭとᆶのㅎは連音せず無音となる。

많이 [마니 ma:ni]（たくさん）　　싫어요 [시러요 ʃirŏyo]（嫌です）

文字練習 2

値段が	土を	麓に	読みます	踏め
값이	흙을	기슭에	읽어요	밟아라

似ている	座れば	短いです	多くの	失くした
닮았다	앉으면	짧아요	많은	잃은

【複合終声の発音】

ここに解説した複合終声の読み方は、一応規範とされているものであり、実際には多少の「ゆれ」がある。例えば、ㄺをㄱ音の前でもㄹの方を優先して発音する人がいる。
また、日常の発音では、「名詞＋助詞」の結合において終声規則の結果に連音化が働くことがある。例えば、값이（値段が）、닭이（鶏が）、기슭에（麓に）などは、[갑씨/가비]、[달기/다기]、[기슬게/기스게]のように二様の発音が行われている。

⑫ 挨拶表現を書く

文字と発音の仕上げとして、様々な挨拶表現を書いてみよう。

人に出会ったとき CD-71

① こんにちは。
　안녕하십니까?

② はい、こんにちは。
　네, 안녕하세요?

③ 先生、こんにちは。
　선생님, 안녕하십니까?

④ こんにちは、田中さん。
　안녕하세요, 다나카 씨?

⑤ やあ、チェヒョン
　재현아, 안녕?

⑥ やあ。
　응, 안녕?

初対面 CD-72

⑦ お初にお目にかかります
　처음 뵙겠습니다.

⑧ お目にかかれて嬉しいです。
　반갑습니다.

⑨ よろしくお願いします。
　잘 부탁합니다.

⑩ こちらこそ。
　저야말로요.

⑪ 今井由美と言います。
　이마이 유미라고 합니다.

⑫ 私はパク・チェヒョンです。
　저는 박재현입니다.

【解説】①出会いの基本表現。「お元気ですか」が原義であるから、「おはようございます」「こんばんは」の意味でも使う。毎日顔を合わせる人の間では使われない。②안녕하십니까?が改まった言い方であるのに対して안녕하세요?は親しみのこもった表現である。初対面の人や長上者に対しては前者を使うのが無難である。③呼びかけはコンマで区切る。④씨は「さん」に当たる。⑤⑥ごく親しい者同士や子供に向かって言う場合。⑦⑧⑨初対面の典型的な挨拶。⑩⑨に対する返答例。⑪⑫名前の告げ方2通り。

CD-73 久しぶりに会ったとき

⑬ お久しぶりです。
오래간만입니다.

⑭ 本当にお久しぶりです。
정말 오래간만이에요.

⑮ お久しぶりですねえ。
오랜만이네요.

⑯ 会えて嬉しいです。
반갑습니다.

CD-74 人と別れるとき

⑰ さようなら。
안녕히 가십시오.

⑱ さようなら。
안녕히 계십시오.

⑲ さようなら。
안녕히 가세요.

⑳ さようなら。
안녕히 계세요.

㉑ 気をつけて行ってください。
조심해서 가세요.

㉒ さようなら。
들어가세요.

㉓ じゃあね。　うん、じゃあな。
안녕.　응, 안녕.

㉔ バイバイ。　うん、バイバイ。
잘 가.　응, 잘 있어.

【解説】⑬改まった言い方。⑭親しみのこもった柔らかな言い方。⑮오랜만은 오래간만「久しぶり」の別形。⑯반갑습니다는 旧知の人に久しぶりに会った場合にも使える。⑰〜⑳これらはすべて命令文で、原義は⑰と⑲が「無事で行って下さい」、⑱と⑳が「無事でいてください」である。したがって、⑰と⑲は送る側の言葉であり、⑱と⑳は送られる側の言葉である。가십시오と계십시오は改まった言い方であり、가세요と계세요は親しみのこもった言い方である。㉑バリエーションの一つ。㉒原義は「お入りください」。最もよく使われる表現。㉓㉔気の置けない者同士、あるいは子供に向かって使う表現。안녕は別れの挨拶にも用いられる。㉔の原義は「元気で行け」と「元気でいろ」。

お礼とその返答

㉕ ありがとうございます。
감사합니다.

㉖ どうもありがとうございます。
대단히 감사합니다.

㉗ ありがとうございます。
고맙습니다.

㉘ 本当にありがとうね。
정말 고마워요.

㉙ どういたしまして。
천만에요.

㉚ とんでもございません。
천만의 말씀입니다.

㉛ ありがとう。
고마워.

㉜ いいよ。
천만에.

お詫びとその返答

㉝ すみません。
미안합니다.

㉞ ごめんなさい。
미안해요.

㉟ 本当にごめんなさい。
정말 미안해요.

㊱ 申し訳ございません。
죄송합니다.

㊲ かまいません。
괜찮습니다.

㊳ かまいません。
괜찮아요.

【解説】㉕最も代表的なお礼表現。原義は「感謝します」。㉖さらに丁寧な表現。㉗もう一つのお礼表現。原義は「ありがたいことです」。㉘㉗の親しみを込めた言い方。目上には使えない。㉙お礼に対する最も一般的な返答。㉚より丁寧な返答。㉛㉜親しい者同士での礼と返答。㉝最も代表的なお詫びの表現。㉞親しみを込めた言い方。㉟強調した言い方。㊱最も改まったお詫びの表現。「恐れ入ります」の意味でも用いる。㊲㊳お詫びに対する代表的な返答。㊳が親しみを込めた言い方。

(39) とんでもありません。
별 말씀을.

(40) 何をおっしゃいますか。
별 말씀을 다 하십니다.

CD-77
お祝い

(41) おめでとうございます。
축하합니다.

(42) 結婚おめでとう。
결혼 축하해요.

(43) 誕生日おめでとう。
생일 축하해.

(44) 良いお年を／新年おめでとうございます。
새해 복 많이 받으세요.

CD-78
その他

(45) いただきます。
잘 먹겠습니다.

(46) ごちそうさまでした。
잘 먹었습니다.

(47) よくいらっしゃいました。
잘 오셨습니다.

(48) いらっしゃいませ。
어서 오십시오.

(49) しばらくお待ちください／ちょっと失礼。
잠깐만요.

(50) おやすみなさい。
안녕히 주무십시오.

【解説】 (39)かなり丁寧な返答。(40)最も格式ばった返答。原義は「思いも寄らないことをおっしゃいます」。(41)丁寧な祝福。原義は「お祝いします」。(42)축하해요は親しみを込めた言い方。(43)축하해は親しい者同士や子供に対する祝福。(44)年末年始の挨拶。原義は「新年の福をたくさん受け取ってください」。(45)(46)お呼ばれに行ったりご馳走になったりする場合の表現である。(47)(48)客を迎えるときの表現。親しみを込めた言い方は잘 오셨어요、어서 오세요となる。(49)原義は「しばらくの間だけ」で、人を待たせるときの詫びであるが、人の前や脇を通ったりするときの断りにも使う。(50)就寝前の挨拶。今すぐ寝る場合にしか使わない。

韓国語の基礎 Ⅰ

文法・表現編

제**일**과 / 第1課
지금 한국에 삽니다.
今、韓国に住んでいます。

学習事項 ❶用言（動詞・形容詞・存在詞・指定詞） ❷합니다体平叙形
❸助詞（…이/가，…을/를，…은/는，에，에서） ❹一人称代名詞 ❺句読法・分ち書き

CD-79

　여러분, 안녕하십니까? 저는 이마이 유미입니다. 반갑습니다. 지금 한국에 삽니다. 저는 한국을 좋아합니다. 대학에서 한국어를 배웁니다.

　오늘은 아침에 수업이 있습니다. 오후에 친구를 만납니다. 친구 이름은 박재현입니다. 한국 사람입니다. 우리는 사이가 좋습니다. 자주 같이 놉니다.

日本語訳

　皆さん、こんにちは。私は今井由美です。お会いできてうれしいです。今、韓国に住んでいます。私は韓国が好きです。大学で韓国語を習っています。
　今日は朝に授業があります。午後に友達に会います。友達の名前はパク・チェヒョンです。韓国人です。私たちは仲が良いです。よく一緒に遊びます。

単語

여러분　皆さん	<좋아하다	친구　【親旧】友達
안녕하십니까?　こんにちは。	대학　【大学】	만납니다　会います<만나다
저　わたくし	…에서　…で	이름　名前
…는　…は	한국어　【韓国語】	박재현　【朴材眩】男性名
…입니다　…です<이다	…를　…を	한국 사람　韓国人
반갑습니다　お会いできてうれしいです<반갑다	배웁니다　習います<배우다	우리　私たち
	오늘　今日	사이　仲
지금　【只今】今	…은　…は	…가　…が
한국　【韓国】	아침　朝	좋습니다　良いです<좋다
…에　…に	수업　【授業】	자주　よく、しょっちゅう
삽니다　住んでいます<살다	…이　…が	같이　一緒に
…을　…を	있습니다　あります、います<있다	놉니다　遊びます<놀다
좋아합니다　好きです、好みます	오후　【午後】	

発音 鼻音化：합니다[함니다]，**반갑습니다**[반갑씀니다]，**배웁니다**[배움니다]；口蓋化：같이[가치]；パッチムㅎ：좋아합니다[조아합니다]

36

제일과 • 지금 한국에 삽니다.

文 法 解 説

(1) 用言

活用変化する語を**用言**と言う。韓国語の文は用言で終わる。韓国語の用言には、**動詞、形容詞、存在詞、指定詞**の4種がある。

動詞	하다（する）、배우다（習う）、살다（住む）、놀다（遊ぶ）、만나다（会う）、읽다（読む）など多数
形容詞	좋다（良い）、반갑다（会えてうれしい）、멀다（遠い）、크다（大きい）、작다（小さい）など多数
存在詞	있다（ある、いる）、없다（ない、いない）
指定詞	이다（…である）、아니다（…ではない）

(2) 합니다体（ハムニダ体）平叙形

丁寧で改まった言い方の文の文末用言の形を**합니다体**と言う。**합니다体平叙形**の作り方は、用言の種別に関係なく同じであるが、語幹（原形から다を取ったもの）がどのような音で終わるかによって異なる。

語幹の種類	説　明	합니다体平叙形の作り方
母音語幹	母音で終わる語幹	語幹に語尾-ㅂ니다を付ける。
ㄹ語幹	ㄹで終わる語幹	語幹末のㄹを取って、語尾-ㅂ니다を付ける。
子音語幹	ㄹ以外の子音で終わる語幹	語幹に語尾-습니다を付ける。

※ただし、-ㅂ니다のㅂはパッチムとして書く。

하다：하 ＋ -ㅂ니다 ➡ 합니다（します）

살다：살 ＋ -ㅂ니다 ➡ 사 ＋ -ㅂ니다 ➡ 삽니다（住んでいます）

좋다：좋 ＋ -습니다 ➡ 좋습니다（良いです）

語幹の種類	原形	語義	語幹	합니다体
母音語幹	만나다	会う	만나	만납니다
	배우다	習う	배우	배웁니다
ㄹ語幹	놀다	遊ぶ	놀	놉니다
	팔다	売る	팔	팝니다
子音語幹	있다	ある、いる	있	있습니다
	먹다	食べる	먹	먹습니다

> 【ここに注意：합니다体】
> 사다(買う)と살다(住む)、쓰다(書く)と쓸다(掃く)など、합니다体にするとㄹの脱落によって、同じ形삽니다、씁니다になるものがある。どちらが使われているかは文脈で判断しなければならない。

練習 次の用言の語幹の種類を確かめ、합니다体の平叙形に活用させよう。 ①②③④⑤

原形	합니다体平叙形	原形	합니다体平叙形
見る 보다		遠い 멀다	
開ける 열다		行く 가다	
小さい 작다		着る 입다	
知る 알다		泣く 울다	
大きい 크다		ない 없다	
読む 읽다		買う 사다	

発音 複合終声：없다〔업따〕，없습니다〔업씀니다〕，읽다〔익따〕，읽습니다〔익씀니다〕

(3) 助詞

韓国語の助詞には、2つの異なる形を持つものがある。

| …이/가 | …が | パッチムのある語の後では이、母音で終わる語の後では가 |

수업이　授業が　　한국이　韓国が　　이름이　名前が
친구가　友達が　　사이가　仲が　　　공부가　勉強が

| …을/를 | …を | パッチムのある語の後では을、母音で終わる語の後では를 |

한국을　韓国を　　수업을　授業を　　이름을　名前を
친구를　友達を　　공부를　勉強を　　한국어를　韓国語を

| …은/는 | …は | パッチムのある語の後では은、母音で終わる語の後では는 |

오늘은　今日は　　수업은　授業は　　한국은　韓国は
저는　　わたくしは　우리는　私達は　학교는　学校は

| …에 | …に | ときを表す場合にも場所を表す場合にも用いる |

아침에　朝に　　　오후에　午後に　　저녁에　夕方に
한국에　韓国に　　학교에　学校に　　대학에　大学に

| …에서 | …で | |

학교에서　学校で　　한국에서　韓国で　　대학에서　大学で

【ここがポイント：CV交替の原則】
　同じ助詞に2つの形がある場合、**母音（V）で終わる語には子音（C）で始まる助詞が付き、子音で終わる語には母音で始まる助詞が付く**、という原則に従って使い分けられる。

제일과 ● 지금 한국에 삽니다.

練習 次の語に助詞を付けて書いてみよう。　　　　　　1 2 3 4 5

	…が	…を	…は	…に	…で
【日本】 **일본**					
【会社】 **회사**					
【ここ】 **여기**					
【喫茶店】 **카페**					
【食堂】 **식당**					

【ここに注意：助詞】
　どのような助詞を用いるかは、主として述語用言の性質によって決まる。**만나다**（会う）や**좋아하다**（好きだ、好む）は他動詞であるため、**친구를 만나다**（友達に会う）、**한국을 좋아하다**（韓国が好きだ）のように目的格助詞을/를が使われ、日本語と助詞の使い方が異なる。その他に**타다**（乗る）、**잘하다**（上手だ）なども他動詞であり、**버스를 타다**（バスに乗る）、**영어를 잘하다**（英語が上手だ）のように日本語との違いがあるので注意。

(4) 一人称代名詞
　話し手自身を指す一人称代名詞の普通形は**나**（私、僕）であるが、へりくだっていう場合には**저**（わたくし）を用いる。複数形の普通形は**우리**（私たち、僕たち）で、その謙譲形は**저희**（들）（わたくしども）である。

　　나는 일본 사람입니다.　　　　私は日本人です。
　　저는 일본에 있습니다.　　　　わたくしは日本にいます。
　　우리는 친구입니다.　　　　　私たちは友達です。
　　여기가 **저희**(들) 회사입니다.　　ここがわたくしどもの会社です。

(5) 句読法・分ち書き
　韓国語の句読法は英語と同じで、ピリオド (.)、コンマ (,)、疑問符 (?)、感嘆符 (!)、引用符（" "）などを用いる。
　韓国語の正書法では、語と語との間を**分ち書き**する。助詞、活用語尾、接尾辞などは語とみなされず、前の語に連ね書きされる。指定詞の이다は語であるが、例外的に前の語と分ち書きしない。

応用練習

1 例文の □ の中を置き換えてそれぞれ2度ずつ書いてみよう。

(1) 저는 일본 사람입니다. (私は日本人です。)
　① 학생　【学生】
　② 회사원　【会社員】
　③ 간호사　【看護師】

(2) 한국을 좋아합니다. (韓国が好きです。)
　① 노래　歌
　② 꽃　花
　③ 스포츠　スポーツ

(3) 지금 한국에 삽니다. (今、韓国に住んでいます。)
　① 서울　ソウル
　② 일본　【日本】
　③ 시골　田舎

(4) 사이가 좋습니다. (仲がいいです。)
　① 날씨　天気
　② 기분　【気分】
　③ 맛　味

(5) 자주 같이 놉니다. (よく一緒に遊びます。)
　① 가다　行く
　② 읽다　読む
　③ 울다　泣く

제일과 ● 지금 한국에 삽니다.

2 次の韓国語は日本語に、日本語は韓国語に訳してみよう。

① 오늘은 수업이 없습니다.
② 나는 영어 교사입니다.
③ 집에서 텔레비전을 봅니다.
④ 우리는 미국에 삽니다.
⑤ 우유는 편의점에서 삽니다.
⑥ 매일 아침에 신문을 읽습니다.
⑦ 박재현 씨는 키가 큽니다.
⑧ 서울은 잘 압니다.
⑨ 明日は約束がありません。
⑩ 近所にコンビニがあります。
⑪ 私は韓国ドラマが好きです。
⑫ 図書館で宿題をします。
⑬ 弟が窓を開けます。
⑭ 食堂で一緒に昼ご飯を食べます。
⑮ 妹はよく泣きます。
⑯ 靴がちょっと小さいです。

単語

영어【英語】
교사【教師】
집 家
텔레비전 テレビ
미국【美国】アメリカ
우유【牛乳】
편의점【便宜店】コンビニ
매일【毎日】
신문【新聞】

박재현 씨【朴材睍氏】パクチェヒョンさん
키가 크다 背が高い
잘 알다 よく知っている

明日 내일【来日】
約束 약속【約束】
近所 근처【近処】
ドラマ 드라마
図書館 도서관【図書館】

宿題 숙제【宿題】
弟 (남)동생【(男)同生】
窓 창문【窓門】
開ける 열다
昼ご飯 점심【点心】
妹 (여)동생【(女)同生】
よく泣く 자주 울다
靴 구두
ちょっと 좀

제 01 과 취미가 무엇입니까?

第2課　趣味は何ですか。

学習事項　❶합니다体疑問形　❷疑問詞(무엇, 누구, 어디, 언제)　❸助詞(…도)　❹所有格代名詞(내, 제)

CD-80　여러분은 취미가 무엇입니까? 제 취미는 노래입니다. 한국 노래를 좋아합니다. 한국 드라마도 좋아합니다. 배용준 씨 팬입니다. 여러분은 누구 팬입니까?

여러분은 어디에 삽니까? 저는 서울에 삽니다. 대학에 다닙니다.

주말에 친구를 만납니다. 여러분은 언제 친구를 만납니까?

日本語訳
　皆さんは趣味は何ですか。私の趣味は歌です。韓国の歌が好きです。韓国ドラマも好きです。ペ・ヨンジュンさんのファンです。皆さんは誰のファンですか。
　皆さんはどこに住んでいますか。私はソウルに住んでいます。大学に通っています。
　週末に友達に会います。皆さんはいつ友達に会いますか。

単語

여러분	みなさん	팬	ファン
취미	【趣味】	누구	誰
무엇	何	어디	どこ
입니까?	…ですか<이다	삽니까	住んでいますか<살다　住む
제	私の	다닙니다	通っています<다니다　通う
노래	歌	주말	【週末】
…도	…も	만납니다	会います<만나다　会う
배용준	ペ・ヨンジュン〔俳優名〕	언제	いつ

発音　鼻音化：한국 노래[한궁노래]

【ここに注意：「の」と의】
　上の文章で、「韓国の歌」「ペ・ヨンジュンさんのファン」「誰のファン」に対応する韓国語の部分には「の」に当たる助詞が使われていない。韓国語にも「の」と同じ意味の助詞의があり、これを使って한국의 노래、배용준 씨의 팬、누구의 팬などとできなくはないが、ぎこちない表現になる。概して韓国語の의は日本語の「の」ほど使われない。의の使い方は助詞の用法の中で最も難しい問題の一つである。

文法解説

(1) 합니다体疑問形

합니다体平叙形の語尾-ㅂ니다、-습니다を-ㅂ니까、-습니까に変えると疑問形になる。

하다 : 합니다 ➡ 합니까 (しますか)
살다 : 삽니다 ➡ 삽니까 (住んでいますか)
좋다 : 좋습니다 ➡ 좋습니까 (良いですか)

練習 합니다体の平叙形と疑問形に活用させよう。　　　1 2 3 4 5

原形	平叙形	疑問形	原形	平叙形	疑問形
来る 오다			かける 걸다		
売る 팔다			買う 사다		
食べる 먹다			磨く 닦다		
知る 알다			開ける 열다		
書く 쓰다			ない 없다		
読む 읽다			乗る 타다		

(2) 疑問詞

| 무엇 | 何 |

취미가 무엇입니까?	趣味は何ですか。
무엇이 좋습니까?	何が良いですか。
무엇을 합니까?	何をしますか。

| 누구 | 誰 | 主格助詞가が付くと、구が落ちて누가の形になる。|

누구 팬입니까?	誰のファンですか。
저 사람이 누구입니까?	あの人は誰ですか。
누구를 만납니까?	誰に会いますか。
누가 옵니까?	誰が来ますか。

| 어디 | どこ |

어디가 좋습니까?	どこが良いですか。
여기가 어디입니까?	ここはどこですか。
어디에 삽니까?	どこに住んでいますか。
어디에서 버스를 탑니까?	どこでバスに乗りますか。

第2課 ● 趣味は何ですか。

| 언제 | いつ |

생일이 언제입니까?　　　　　誕生日はいつですか。
언제가 좋습니까?　　　　　　いつが良いですか。
언제 친구를 만납니까?　　　　いつ友達に会いますか。
언제 숙제를 합니까?　　　　　いつ宿題をしますか。

練習 韓国語で書いてみよう。　　　　　　　　　　　　　1 2 3 4 5

| 何ですか。 | 誰ですか。 | いつですか。 | どこですか。 |

| 何をしますか。 | 誰がしますか。 | いつしますか。 |

| 誰が行きますか。 | いつ行きますか。 | どこに行きますか。 |

| 誰に会いますか。 | どこで会いますか。 | いつ会いますか。 |

【ここに注意：이/가と은/는】
「趣味は何ですか。」「ここはどこですか。」「誕生日はいつですか。」のように、日本語では疑問詞を含む疑問文の主語には助詞「は」を用いるが、このような場合に韓国語では「が」に当たる이/가を用いるのが普通である。しかし、これはいきなり「趣味、今いる場所、誕生日」などについて尋ねる場合のことで、他の事柄と対比して尋ねる場合には은/는が用いられる。

(3) 助詞

| …도 | …も |

나도 갑니다.　　　　　私も行きます。
영어도 배웁니다.　　　英語も習っています。
한국도 일본도　　　　 韓国も日本も

練習 助詞도を付けて韓国語で書いてみよう。　　　　　　1 2 3 4 5

今日　　　　　　　　　友達　　　　　　　　　昼ご飯
오늘 _____　　　　친구 _____　　　　점심 _____

【中国】　　　　　　　【音楽】　　　　　　　ご飯
중국 _____　　　　음악 _____　　　　밥 _____

(4) 所有格代名詞

| 내/제 | 私の/わたくしの |

　一人称代名詞나（私、僕）と저（わたくし）の所有格形は、それぞれ、**내**（私の、僕の）と**제**（わたくしの）の形になる。複数形の**우리**（私たち、僕たち）と**저희(들)**（わたくしども）はそのままの形で所有格形としても用いられる。

내 가방입니다.	私のカバンです。
제 취미는 노래입니다.	わたくしの趣味は歌です。
우리 엄마	うちの母さん
저희(들) 회사	わたくしどもの会社、弊社

> **【ここがポイント：우리の多用】**
> 　韓国語では所有格代名詞によって人間関係や所属関係などを表す場合、上の最後の2例のように複数形の**우리**、**저희들**で表すのが普通である。他にも**우리 딸**（うちの娘）、**우리 집사람**（私の家内）、**우리 가족**（私の家族）、**우리 선생님**（私の先生）、**우리 선배**（私の先輩）、**우리 나라**（わが国）、**우리 집**（わが家）、**우리 학교**（私の学校）、**우리 동네**（町内、私の村）など、**우리**が頻繁に使われる。これらの例で、**우리**を**내**や**제**に替えると所有関係、支配関係、主体関係、対比などの意味が付け加わったり不自然になったりする。
> 　また、特に自分との関係を強調しない場合には、日本語と同様、所有格代名詞は省略される。

応用練習

1 例文の ☐ の中を置き換えてそれぞれ2度ずつ書いてみよう。

(1) 취미는 노래입니다. (趣味は歌です。)
　① 음악 【音楽】
　② 여행 【旅行】
　③ 독서 【読書】

(2) 취미가 무엇입니까? (趣味は何ですか。)
　① 이름 【名前】
　② 직업 【職業】
　③ 꿈 【夢】

(3) 누구 팬입니까? (誰のファンですか。)
　① 동생 【弟、妹】
　② 사진 【写真】
　③ 가방 【カバン】

2 下線部を問う疑問文を作りなさい。
　① 편의점에서 우유를 삽니다. 〔コンビニで牛乳を買います。〕
　② 주말에 시골에 갑니다. 〔週末に田舎に行きます。〕
　③ 아침에 신문을 읽습니다. 〔朝、新聞を読みます。〕
　④ 유미가 같이 갑니다. 〔由美が一緒に行きます。〕
　⑤ 오후에 친구를 만납니다. 〔午後に友達に会います。〕
　⑥ 도서관에서 숙제를 합니다. 〔図書館で宿題をします。〕
　⑦ 내일이 좋습니다. 〔明日がいいです。〕

3 次の韓国語は日本語に、日本語は韓国語に訳してみよう。

① 내일도 약속이 있습니까?

② 매일 한국어 공부를 합니까?

③ 음식은 무엇을 좋아합니까?

④ 여기에서 누구를 기다립니까?

⑤ 내 취미는 독서입니다.

⑥ 어디에서 사진을 찍습니까?

⑦ 언니 결혼식이 언제입니까?

⑧ 배우는 누구를 압니까?

⑨ 언제 어디에서 만납니까?

⑩ どこで昼ご飯を食べますか。

⑪ 英語も韓国語も面白いです。

⑫ お金も時間もありません。

⑬ スポーツはサッカーがいいです。

⑭ 日本人ですか。韓国人ですか。

⑮ いつキムチを漬けますか。

⑯ 誰がトッポッキを作りますか。

⑰ 歌手は誰が好きですか。

⑱ 韓国映画をよく見ますか。

単語

음식【飲食】食べ物
기다리다　待つ
독서　読書
사진　写真
찍다　(写真を) 撮る
언니　姉、姉さん〔妹から見て〕
결혼식【結婚式】
배우【俳優】

면白い 재미있다

お金　돈
時間　시간【時間】
サッカー　축구【蹴球】
キムチ　김치
漬ける　담그다
トッポッキ　떡볶이
作る　만들다
歌手　가수【歌手】
韓国映画　한국 영화【韓国映画】[한궁녕화]

남동생도 있어요?
弟もいますか。

学習事項 ❶해요체（指定詞、存在詞の場合）❷指示詞（이，그，저）❸返答の副詞

재현 : 이 사진이 누구예요?

유미 : 동생이에요.

재현 : 중학생이에요?

유미 : 네, 중학생이에요.

재현 : 남동생도 있어요?

유미 : 아뇨, 남동생은 없어요. 오빠는 있어요.

재현 : 이 사진이 오빠예요?

유미 : 아뇨, 그것은 오빠가 아니에요. 친구예요.

日本語訳
材晛：この写真は誰ですか。
由美：妹です。
材晛：中学生ですか。
由美：ええ、中学生です。
材晛：弟もいますか。
由美：いいえ、弟はいません。兄はいます。
材晛：この写真が兄さんですか。
由美：いいえ、それは兄ではありません。友達です。

単語
이　この
사진　写真
…예요　…です（か）＜이다　である
…이에요　…です（か）＜이다
중학생【中学生】
네　はい、ええ
남동생【男同生】弟

있어요　います（か）、あります（か）＜있다　いる、ある
아뇨　いいえ
없어요　いません（か）、ありません（か）＜없다　ない、いない
오빠　兄〔妹から見て〕
그것　それ
아니에요　(…では) ありません (か) ＜아니다…　でない

発音　複合終声：없다[업따]，없어요[업써요]

제삼과 ● 남동생도 있어요?

文法解説

(1) 해요体

韓国語の丁寧体には합니다体の他に해요体がある。

합니다体	丁寧で改まった話し方、書き方が要求される場合に用いる。文種（平叙文、疑問文、命令文、勧誘文）によって形が異なる。
해요体	丁寧であるが親しみのある話し方をする場合に用いられる。文種による形の変化はなく、抑揚、句読法、文脈などによって文種を区別する。

해요体の作り方は합니다体に比べてかなり複雑である。この課では指定詞（이다、아니다）と存在詞（있다、없다）の해요体だけを取り上げる。

指定詞と存在詞の해요体

	原　形	해요体	説　明
指定詞	이다（…だ）	이에요	子音で終わる語に付く場合
		예요	母音で終わる語に付く場合
	아니다（…ではない）	아니에요	
存在詞	있다（ある、いる）	있어요	
	없다（ない、いない）	없어요	

저는 중학생이에요.　　　私は中学生です。
우리 엄마예요.　　　　　うちの母さんです。
동생이 아니에요.　　　　妹ではありません。
오빠가 아니에요?　　　　兄さんではありませんか。
남동생도 있어요?　　　　弟もいますか。
─아뇨, 없어요.　　　　　─いいえ、いません。

練習 例にならって次の語に이다を付けて해요体に活用させよう。　　　1 2 3 4 5

弟、妹　동생	동생이에요	兄さん　오빠	오빠예요
父さん　아빠		本　책	
プレゼント　선물		いつ　언제	
冗談　농담		本当　정말	
【無理】　무리		どこ　어디	
コーヒー　커피		私のもの　내 것	

発音 濃音化：내 것[내걷/내껃]

第3課 ● 弟もいますか。

否定の指定詞아니다（…ではない）は助詞이/가を伴って用いられる。これは主格助詞と同じ形であるが主格助詞ではない。

이 사진이 오빠가 아니에요?　　この写真が兄さんではありませんか。

이것은 한국어책이 아니에요?　　これは韓国語の本ではありませんか。

練習 例のように否定の指定詞文（합니다体、해요体）を作ってみよう。　1 2 3 4 5

友達 친구	친구가 아닙니다.	친구가 아니에요.
兄 형		
私の本 제 책		
冗談 농담		
本物 진짜		
【写真】 사진		
【紅茶】 홍차		

(2) 指示詞

이	この	그	その	저	あの	어느	どの
この本 이 책		その本 그 책		あの本 저 책		どの本 어느 책	
この人 이 사람		その人／彼 그 사람		あの人 저 사람		どの人 어느 사람	
これ 이것		それ 그것		あれ 저것		どれ 어느 것	
こっち、こちら 이쪽		そっち、そちら 그쪽		あっち、あちら 저쪽		どっち、どちら 어느 쪽	
こうだ 이렇다		そうだ 그렇다		ああだ 저렇다		どうだ 어떻다	
このように 이렇게		そのように 그렇게		あのように 저렇게		どのように 어떻게	
ここ 여기		そこ 거기		あそこ 저기		どこ 어디	

発音 激音化：이렇다[이러타], 이렇게[이러케]

【ここがポイント：分ち書き】
　이、그、저、어느は後ろに体言を伴う**連体詞**と呼ばれる語である。語であるから後続の体言とは分ち書きする。しかし、이것、그것、저것の場合は１語の代名詞であるとみなされ連ね書きされる。이쪽、그쪽、저쪽も同様である。ところが、어느 것と어느 쪽は２語として分ち書きされるのが普通である。このように分ち書きには釈然としないところがかなりある。そのため、実際の用例は勿論のこと辞書の表記にすら不統一がみられることが多い。分ち書きにはそういう側面があることを念頭に置いておくのがよいだろう。

(3) 返答の副詞

| 네/예 | はい、ええ | 아뇨/아니요 | いいえ |

　日常の会話では네/아뇨がよく用いられる。丁寧な返事では예/아니요が使われる。使い方は日本語の「はい、いいえ」と同じ。

　　있어요?　　네, 있어요. はい、あります。　　아뇨, 없어요. いいえ、ありません。
　　없어요?　　네, 없어요. はい、ありません。　　아뇨, 있어요. いいえ、あります。

練習　親族名称を書いて覚えよう。

父 아버지	母 어머니	父さん、パパ 아빠
母さん、ママ 엄마	子供 아이	息子 아들
娘 딸	おじいさん 할아버지	おばあさん 할머니
【孫子】孫 손자	【孫女】孫娘 손녀	【兄】(弟から) 형
兄(妹から) 오빠	姉(弟から) 누나	姉(妹から) 언니
【男同生】弟 남동생	【女同生】妹 여동생	おじ(母方) 외삼촌
おじ(父の兄) 큰아버지	おじ(父の弟) 작은아버지	おば(父方) 고모
おば(母方) 이모	甥、姪 조카	いとこ 사촌
夫 남편	家内 집사람	妻 아내

第3課 ●弟もいますか。

応用練習

1 例文の ☐ の中を置き換えて書いてみよう。　1 2 3 4 5

(1) 친구예요? 네, 친구예요. (友達ですか。ええ、友達です。)
　① 학생　【学生】
　② 진짜　【本物】
　③ 정말　【本当】

(2) 동생이에요? 아뇨, 동생이 아니에요.
　(妹ですか。いいえ、妹ではありません。)
　① 영어　【英語】
　② 사실　【事実】
　③ 학교　【学校】

(3) 오늘 수업이 있어요? 아뇨, 없어요.
　(今日、授業がありますか。いいえ、ありません。)
　① 약속　【約束】
　② 숙제　【宿題】
　③ 시간　【時間】

(4) 남동생도 있어요? 네, 있어요. (弟もいますか。はい、います。)
　① 여동생　【妹】
　② 오빠　【兄さん】
　③ 언니　【姉さん】

(5) 친구가 아니에요. 오빠예요. (友達じゃありません。兄です。)
　① 책/사전　【本/辞書】
　② 물/술　【水/酒】
　③ 선배/후배　【先輩】/【後輩】

2 次の韓国語は日本語に、日本語は韓国語に訳してみよう。

① 이 가방 누구 것이에요?

② 저 사람은 저희 회사 직원이 아닙니다.

③ 그것은 어디에서 팝니까?

④ 회사원이에요?
　―아뇨, 공무원이에요.

⑤ 이것은 농담이 아니에요.

⑥ 이 근처에 서점이 없어요?

⑦ 저 건물이 우리 학교예요.

⑧ 은행은 저쪽에 있어요.

⑨ 혹시 유미 씨 핸드폰이 아니에요?

⑩ 嘘じゃありません。本当です。

⑪ 旅行ですか。
　―いいえ、出張です。

⑫ そんな人はいません。

⑬ それは私達の問題ではありません。

⑭ これは夢じゃありませんか。

⑮ お金はありません。私は金持ちではありません。

⑯ 韓国ドラマに関心がありますか。

⑰ 教室にエアコンがありません。

⑱ トイレはどこですか。
　―こちらにあります。

単語

직원【職員】
공무원【公務員】
농담【弄談】冗談
서점【書店】本屋
건물【建物】
은행【銀行】
혹시【或是】ひょっとして
핸드폰　携帯電話

嘘 거짓말 [거진말]
旅行 여행【旅行】
出張 출장【出張】[출짱]
そんな 그런
問題 문제【問題】
夢 꿈
金持ち 부자【富者】
関心 관심【関心】

教室 교실【教室】
エアコン 에어컨
トイレ 화장실【化粧室】

제4과 공부 잘해요?
第4課　勉強よくできますか。

学習事項 ❶하다用言（하다動詞・하다形容詞）　❷用言の活用と語基
❸活用語尾（-고, -지만, -죠, -면, -니까）　❹助詞の省略　❺무엇の縮約

유미：재현 씨 동생 있어요?

재현：네, 여동생이 있어요. 고등학생이에요.

유미：공부 잘해요?

재현：네, 공부도 잘하고 운동도 잘해요.

유미：이름은 뭐라고 해요?

재현：서현이라고 해요.

유미：착해요?

재현：네, 아주 착해요. 착하지만 장난도 좋아해요.

유미：동생 사랑하죠?

재현：물론이죠. 동생 있으니까 정말 행복해요.

유미：재현 씨, 동생 결혼하면 어떻게 해요?

日本語訳

由美：チェヒョンさん、弟か妹いますか。
材暎：ええ、妹がいます。高校生です。
由美：勉強よくできますか。
材暎：ええ、勉強もできるし運動も得意です。
由美：名前は何と言いますか。
材暎：ソヒョンといいます。
由美：いい子ですか。
材暎：ええ、とてもいい子です。いい子だけどいたずらも好きです。
由美：妹さんのこと愛してるでしょ。
材暎：もちろんですよ。妹がいるから本当に幸せです。
由美：チェヒョンさん、妹さん結婚したらどうしますか。

単語

고등학생　【高等学生】高校生
…(을/를) 잘하다　…がよくできる、…が得意だ
운동　【運動】
뭐　何＜무엇
…(이)라고 하다　…という
서현　【瑞暎】女性名
착하다　善良だ、いい子だ
아주　とても
-지만　～するけど、～するが

장난　いたずら
사랑하다　愛する、愛している
-죠　～するでしょ。～しますよ。
물론　【勿論】もちろん
-니까　～するから
정말　本当に
행복하다　【幸福－】幸せだ
결혼하다　【結婚－】結婚する
-면　～すると、～すれば、～したら

発音 激音化：착해요[차캐요], 행복해요[행보캐요]

文法解説

(1) 하다用言

韓国語の用言には活用要素として하다を持つものが多数ある。**하다動詞**と**하다形容詞**がある。

하다動詞	공부하다（勉強する）、결혼하다（結婚する）、사랑하다（愛する）、좋아하다（好む）、잘하다（得意だ、上手だ）　など
하다形容詞	행복하다（幸福だ）、친절하다（親切だ）、중요하다（重要だ）、착하다（いい子だ）、조용하다（静かだ）　など

動詞하다（する）の해요体は해요であり、하다用言もこれにならう。

原形	語義	합니다体	해요体
하다	する	합니다	해요
공부하다	勉強する	공부합니다	공부해요
행복하다	幸福だ	행복합니다	행복해요

숙제는 도서관에서 해요.　　　宿題は図書館でします。
매일 열심히 공부해요.　　　　毎日熱心に勉強します。
우리는 다 행복해요.　　　　　私たちはみんな幸せです。
한국말을 정말 잘해요.　　　　韓国語が本当に上手です。

(2) 用言の活用

합니다体の作り方を解説する際に、語幹に活用語尾がついて活用形ができると説明した。しかし、語幹に直接語尾が付くのではなく、まず語幹から**語基**というものを作り、それに語尾が付くと考える方が、活用の体系全体を簡潔に理解することができ効率的に学習できる。本書ではこの語基という考え方に基づいて活用形を解説する。

> **用言の活用形　＝（語幹 ⇒）語基 ＋ 活用語尾**

どの用言にも３種の語基（**第Ⅰ語基、第Ⅱ語基、第Ⅲ語基**）がある。

原形	語義	語幹	第Ⅰ語基	第Ⅱ語基	第Ⅲ語基
있다	ある、いる	있	있	있으	있어
좋다	良い	좋	좋	좋으	좋아
하다	する	하	하	하	해

それぞれの語基は一定の規則に従って語幹から作られる。この課では第Ⅰ語基と第Ⅱ語基を取り上げるが、それぞれ次のように作られる。

語基の作り方	
第Ⅰ語基	語幹と同じ
第Ⅱ語基	語幹＋으〔子音語幹〕
	語幹と同じ〔母音語幹、ㄹ語幹〕

第4課 ●勉強よくできますか。

練習 次の用言の第Ⅰ語基と第Ⅱ語基を書いてみよう。

原形	第Ⅰ語基	第Ⅱ語基	原形	第Ⅰ語基	第Ⅱ語基
読む 읽다			遠い 멀다		
遊ぶ 놀다			見る 보다		
行く 가다			受け取る 받다		
多い 많다			少ない 적다		

(3) 活用語尾

活用語尾はすべてどの語基に付くか決まっている。活用形の一般形を表すために、上に示した하다の語基を用いて～하-지만（～するが）、～하²-면（～すれば）、～해-요（～します）のように表す。하다の第Ⅰ語基と第Ⅱ語基は하で同じであるため、第Ⅱ語基を表す하の右肩に2を付けて視覚的に第Ⅰ語基と区別する。

～하-고	～して、～するし	等位接続（順接形）

공부도 잘하고 운동도 잘해요.　　勉強もできるし運動も得意です。
오늘은 청소도 하고 세탁도 해요.　　今日は掃除もし洗濯もします。
아침을 먹고 학교에 갑니다.　　朝ご飯を食べて学校に行きます。

～하-지만	～するが、～するけど	逆接形

오빠는 있지만 언니는 없어요.　　兄はいますが姉はいません。
일본 사람이지만 한국말을 잘해요.　　日本人だけど韓国語が上手です。
날씨는 좋지만 춥습니다.　　天気はいいけど寒いです。

～하-죠	～しますよ（平叙文）、～するでしょ／～しますよね（疑問文）	確言形

물론이죠. 저도 하죠.　　もちろんですよ。私もやりますよ。
오늘은 약속이 없죠?　　今日は約束がないでしょ。
엄마 김치가 맛있죠?　　母さんのキムチが美味しいでしょ。

～하²-면	～すれば、～すると、～したら	条件・仮定形

동생이 결혼하면 어떻게 해요?　　妹が結婚したらどうしますか。
시간이 있으면 저도 갑니다.　　時間があれば私も行きます。
봄이 오면 꽃이 피죠.　　春が来れば花が咲きますよ。

～하²-니까	～するから、～するので	原因・理由形

동생 있으니까 행복해요.　　妹がいるから幸せです。
날씨가 좋으니까 기분도 좋습니다.　　天気がいいから気分もいいです。
역에서 머니까[※] 택시를 탑니다.　　駅から遠いのでタクシーに乗ります。
※原形は멀다。次の【SPON規則】を参照。

【ここがポイント：SPON規則】

합니다体の語尾 –ㅂ니다や原因・理由形の語尾 –니까がㄹ語幹の用言に付く場合、語幹末のㄹを取らなければならない。これは、これら2つの語尾に限られることではなく、一般に、ㅅ (s)、ㅂ (p)、오 (o)、ㄴ (n) で始まる語尾がㄹ語幹の用言に付く場合、語幹末のㄹは脱落する、という規則があるためである。この規則をSPON規則と呼ぶことにする。「SPONの前でスポンと落ちる」と覚えておけば忘れない。

練習 例にならって次の用言を活用させよう。　　　1 2 3 4 5

原形	順接形	逆接形	確言形	条件形	理由形
行く 가다	가고	가지만	가죠	가면	가니까
住む 살다					
乗る 타다					
小さい 작다					
長い 길다					
読む 읽다					
大きい 크다					

(4) 助詞の省略

日常の会話では、助詞이/가と을/를は省略されることが多い。

동생(이) 있어요?　　　　　妹いますか。
진짜(가) 아니에요?　　　　本物じゃないですか。
공부(를) 잘해요?　　　　　勉強よくできますか。
저 사람(을) 압니까?　　　 あの人知っていますか。

(5) 무엇の縮約

日常の会話では、疑問詞무엇（何）が뭐に縮約されることが多い。

이름은 뭐라고 해요?　　　名前は何と言いますか。
지금 뭐 해요?　　　　　　今、何してますか。
뭐가 있어요?　　　　　　　何がありますか。

第4課 ●勉強よくできますか。

応 用 練 習

1 例文の □ の中を置き換えて書いてみよう。　1 2 3 4 5

(1) 운동 잘해요? (運動 得意ですか。)
　　　【英語】
　① 영어
　　　掃除
　② 청소
　　　【料理】
　③ 요리

(2) 동생 사랑하죠? (妹のこと 愛してるでしょ。)
　　　お父さん
　① 아빠
　　　お母さん
　② 엄마
　　　彼
　③ 그 사람

(3) 동생이 결혼하면 어떻게 해요? (妹が結婚し たらどうしますか。)
　　　お金がない
　① 돈이 없다
　　　雨が降る
　② 비가 오다
　　　赤ちゃんが泣く
　③ 아기가 울다

(4) 착해요? 네, 아주 착해요. (いい子ですか。はい、とても いい子 です。)
　　　【幸福】
　① 행복
　　　【親切】
　② 친절
　　　【重要】
　③ 중요

(5) 동생 있으니까 좋죠? (妹がいる からいいでしょ。)
　　　宿題がない
　① 숙제가 없다
　　　友達が多い
　② 친구가 많다
　　　田舎に住んでいる
　③ 시골에 살다

2 次の韓国語は日本語に、日本語は韓国語に訳してみよう。　　1 2 3 4 5

① 저는 회사원이고 아내는 공무원이에요.

② 이를 닦고 잡니다.

③ 아침에 세수하고 산책해요.

④ 회사가 머니까 힘듭니다.

⑤ 사고가 나면 어떻게 해요?

⑥ 이것은 내 것이고 그것은 동생 것이에요.

⑦ 친구가 많으니까 행복해요.

⑧ 옷을 갈아입고 나갑니다.

⑨ 설명서를 읽으면 알죠.

⑩ 試験がありますから一所懸命に勉強します。

⑪ スポーツは何が得意ですか。

⑫ この問題はとても重要です。

⑬ 暇はありますがお金がありません。

⑭ 私たちはよく喧嘩をするけど仲はいいですよ。

⑮ 今日は天気がいいから洗濯します。

⑯ 映画を見て買い物します。

⑰ バスがなかったらどうしますか。

⑱ トイレはこちらで台所はあちらです。

単語

이 歯
닦다 磨く
자다 寝る
세수하다【洗手-】顔を洗う
산책하다【散策-】散歩する
힘들다 大変だ、骨が折れる
사고【事故】事故
나다 生じる、起きる

옷 服
갈아입다 着替える
나가다 出かける
설명서【説明書】説明書
알다 わかる

시험 시험
一所懸命に 열심히【熱心-】[열씸히]
暇 시간【時間】
喧嘩する 싸우다
洗濯する 세탁하다【洗濯-】
映画 영화【映画】
買い物する 쇼핑하다
台所 부엌

생일이 언제예요?

誕生日はいつですか。

学習事項 ❶漢数詞 ❷日付の表し方 ❸해요体の作り方（子音語幹・ㄹ語幹）❹文末イントネーション ❺短形否定 ❻助詞の連続 ❼丁寧の語尾-(이)요

CD-83

유미 : 재현 씨 생일이 언제예요?
재현 : 삼월 팔일이에요. 유미 씨는요?
유미 : 저는 유월 십육일이에요. 생일에는 뭐 해요?
재현 : 집에서 파티를 해요.
유미 : 생일 때 뭘 먹어요?
재현 : 미역국을 먹어요. 일본에서도 생일에 미역국 먹어요?
유미 : 아뇨, 일본에서는 안 먹어요. 케이크를 먹어요. 재현 씨 생일 선물을 많이 받아요?
재현 : 네, 많이 받아요. 그리고 노래를 해요.
유미 : 무슨 노래를 해요?
재현 : ♪생일 축하합니다. 생일 축하합니다~♪
유미 : 아, 그 노래는 저도 알아요.

日本語訳

由美：チェヒョンさん、誕生日はいつですか。
材眀：3月8日です。由美さんは（いつですか）。
由美：私は6月16日です。誕生日には何をしますか。
材眀：家でパーティーをします。
由美：誕生日に何を食べますか。
材眀：ワカメスープを飲みます。日本でも誕生日にワカメスープを飲みますか。

由美：いいえ、日本では飲みません。ケーキを食べます。チェヒョンさん、誕生日のプレゼントをたくさんもらいますか。
材眀：ええ、たくさんもらいます。それから歌を歌います。
由美：何の歌を歌いますか。
材眀：♪お誕生日おめでとう。お誕生日おめでとう♪
由美：ああ、その歌は私も知っています。

単語

생일【生日】誕生日
삼월【三月】
팔일【八日】
유월【六月】
십육일【十六日】
집 家
파티 パーティー
때 とき 생일 때 誕生日に
뭘 何を<무엇을
먹어요? 食べますか<먹다 食べる

미역국 ワカメスープ
안 ～しない〔否定の副詞〕
케이크 ケーキ
선물【膳物】プレゼント、贈物
많이 たくさん
받아요? もらいますか<받다 もらう、受け取る
그리고 そして
노래 歌 *노래를 하다 歌を歌う
무슨 何の
알아요 知っています<알다 知る、わかる

発音 n-挿入+鼻音化：십육일[심뉴길]；鼻音化：미역국 먹어요[미역꿍 머거요]；
複合終声：많이[마니]；激音化：축하하다[추카하다]

제오과●생일이 언제예요?

文法解説

(1) 漢数詞

韓国語の数詞には、中国語起源の**漢数詞**と韓国語固有の**固有数詞**がある。ここでは漢数詞を学ぶ。

一	二	三	四	五	六	七	八	九	十
일	이	삼	사	오	육	칠	팔	구	십

十一	十二	十三	十四	十五	十六	十七	十八	十九	二十
십일	십이	십삼	십사	십오	십육	십칠	십팔	십구	이십

二十一	三十二	四十三	五十四	六十五	七十六	八十七	九十八
이십일	삼십이	사십삼	오십사	육십오	칠십육	팔십칠	구십팔

※百以上の漢数詞及びその用法については巻末の付録3を参照。

육（六）は십（十）の後でn-挿入により［뉵］と発音され、そのために십のㅂが鼻音化されて［심］と発音されることに注意。

십육 ➡ ［십뉵］ ➡ ［심뉵］

練習 次の数を漢数詞で読んでみよう。

1	2	3	4	5

6	2	4	8	1	9	7	3	10	5	2	8	10	3	5	9	1	7	4	6
19	43	57	28	64	79	27	34	83	54	17	38	97	63	84	29	58	37	98	74
11	22	35	41	52	65	72	85	91	25	61	92	81	15	75	42	31	71	45	82
26	36	76	96	16	86	36	66	46	56										

(2) 日付の表し方

日付は漢数詞と월（月）일（日）とで表す。

1月	2月	3月	4月	5月	6月※
일월	이월	삼월	사월	오월	유월
7月	8月	9月	10月	11月	12月
칠월	팔월	구월	시월※	십일월	십이월

※유월（6月）と시월（10月）では육（6）と십（10）のパッチムが落ちることに注意。

1日	2日	3日	4日	5日	10日
일일	이일	삼일	사일	오일	십일
16日	17日	20日	28日	29日	31日
십육일	십칠일	이십일	이십팔일	이십구일	삼십일일

練習 次の数を漢数詞で読んでみよう。

1	2	3	4	5

| 2月8日 | 5月10日 | 8月13日 | 6月24日 | 11月16日 | 7月22日 |
| 1月21日 | 9月5日 | 10月17日 | 4月9日 | 12月31日 | 3月26日 |

日付を尋ねるには**몇월**［며뒬］（何月）、**며칠**（何日）を使う。몇は数を問う疑問詞であるが、며칠を몇일と綴ってはならない。

오늘은 몇월 며칠이에요?　今日は何月何日ですか。
―칠월 이십오일이에요.　―7月25日です。

(3) 해요体の作り方（子音語幹・ㄹ語幹）

　親しみのある丁寧体の해요体は、その名称が示すように第Ⅲ語基（一般形：～해）に丁寧の語尾 **-요** を付けることで作られる。

| 해요体 | ～해-요 |

　第Ⅲ語基は語幹に아または어を付けて作るが、どちらかを付けるかは語幹の母音によって決まる。語幹の一番後ろの母音が**陽母音**（ㅏ、ㅑ、ㅗ）であるものを**陽語幹**、**陰母音**（ㅏ、ㅑ、ㅗ以外の母音）であるものを**陰語幹**と言う。**陽語幹**には아を、**陰語幹**には어を付けることで第Ⅲ語基が作られる。

| 第Ⅲ語基 | 語幹＋아（陽語幹）
語幹＋어（陰語幹） |

原形	語義	語幹	第Ⅲ語基	해요体	語幹の種類
받다	受け取る	받	받아	받아요	陽語幹
얕다	浅い	얕	얕아	얕아요	
놀다	遊ぶ	놀	놀아	놀아요	
먹다	食べる	먹	먹어	먹어요	陰語幹
있다	ある、いる	있	있어	있어요	
만들다	作る	만들	만들어	만들어요	

練習 次の用言を해요体と합니다体平叙形に活用させよう。　　1 2 3 4 5

原形	해요体	합니다体	原形	해요体	합니다体
つかむ 잡다			着る 입다		
良い 좋다			ない 없다		
住む 살다			笑う 웃다		
売る 팔다			遠い 멀다		
長い 길다			開ける 열다		

(4) 文末イントネーション

　해요体には文種（平叙、疑問、命令、勧誘）による形の違いがない。文種は句読法、文末イントネーション、文脈などによって区別される。文末イントネーションには「下げ」（↘）、「上げ」（↗）、「引き」（→）の3種があり、「下げ」は「言い切り、断定」を、「上げ」は「問いかけ、疑い」を「引き」は「働きかけ、語りかけ」を意味する。

　　저도 먹어요. （↘）　　私も食べます。
　　이것도 먹어요? （↗）　これも食べますか。
　　같이 먹어요. （→）　　一緒に食べましょう。
　　많이 먹어요. （→）　　たくさん食べなさい。

(5) 短形否定

すでに学んだように、指定詞이다（…である）と存在詞있다（ある、いる）の否定は、それぞれ否定語の아니다（…ではない）と없다（ない、いない）で表されるが、動詞や形容詞の場合は、ごく一部の例外※を除いて、構文によって否定の意味が表される。否定構文の一つは用言の前に否定語の안を置くもので、これを**短形否定**という。

※例えば、알다（知っている、わかる）の否定には모르다（知らない、わからない）を用いる。

| 短形否定 | 안＋用言 | 〜しない、〜ない | 안と用言の間は分ち書きするが、続けて読まれる。 |

이거 먹어요? ―아뇨, 안 먹어요.　　これ、食べますか。―いいえ、食べません。
안 갑니까? ―네, 안 갑니다.　　　行きませんか。―ええ、行きません。
이 노래 좋아해요?　　　　　　　　この歌、好きですか。
―아뇨, 안 좋아해요.　　　　　　　―いいえ、好きではありません。
그 사람 착해요?　　　　　　　　　彼、いい人ですか。
―아뇨, 안 착해요.　　　　　　　　―いいえ、いい人ではありません。

ただし、「…をする」の意味の하다動詞の場合には、안は하다の直前に置かれる。

영어도 공부해요?　　　　　　　　英語も勉強しますか。
―아뇨, 영어는 공부 안 해요.　　　―いいえ、英語は勉強しません。

練習 次の用言を例のように해요体短形否定形に活用させよう。　①②③④⑤

原形	해요体短形否定	原形	해요体短形否定
もらう 받다	안 받아요	着る 입다	
洗う 씻다		結婚する 결혼하다	
良い 좋다		散歩する 산책하다	
泣く 울다		親切だ 친절하다	
売る 팔다		嫌いだ 싫어하다	

(6) 助詞の連続

助詞에（…に）、에서（…で）などの後に는（…は）、도（…も）などの助詞が続くことがある。

　　한국에는　韓国には　　　일본에서도　日本でも

(7) 丁寧の語尾-(이)요

日常の発話では述語用言を持たない省略文がよく用いられる。そのような省略文を丁寧にするために、語尾-(이)요が付けられる。母音の後では-요が、子音の後では-이요が付くというのが原則であるが、実際にはㄴ、ㅁ、ㅇ、ㄹの後でも-요が付くことが多い。

축구는 싫어해요. ―왜요?(＜왜 축구를 싫어해요?)　サッカーは嫌いです。―どうしてですか。
선물을 받아요. ―많이요?(＜많이 받아요?)　プレゼントをもらいます。―たくさんですか。
같이 해요. ―저도요?(＜저도 해요?)　一緒にしましょう。―私もですか。

第5課 ● 誕生日はいつですか。

応 用 練 習

1 例文の _____ の中を置き換えて書いてみよう。 1 2 3 4 5

(1) 좋아요? 네, 좋습니다. (良いですか？ はい、良いです。)

① 맞다 (合っている)
② 읽다 (読む)
③ 달다 (甘い)
④ 힘들다 (大変だ)
⑤ 많다 (多い)
⑥ 행복하다 (幸せだ)
⑦ 재미있다 (面白い)
⑧ 맛없다 (まずい)

発音 읽다[익따], 읽어요[일거요], 맛없다[마덥따]

(2) 좋아합니까? 아뇨, 안 좋아해요. (好きですか？ いいえ、好きではありません。)

① 작다 (小さい)
② 길다 (長い)
③ 좁다 (狭い)
④ 멀다 (遠い)
⑤ 찬성하다 (賛成する)
⑥ 말하다 (話す、言う)
⑦ 강하다 (強い)
⑧ 싫어하다 (嫌いだ)

제오과 ● 생일이 언제예요?

2 次の韓国語は日本語に、日本語は韓国語に訳してみよう。　　1 2 3 4 5

① 올해 추석은 몇월 며칠이에요?

② 다음달 십오일에 한국에 갑니다.

③ 그 가게는 수요일에는 영업 안 해요.

④ 일요일에는 연습 안 해요.

⑤ 오늘은 날씨가 안 좋으니까 기분도 안 좋아요.

⑥ 치마는 안 입어요?
　―아뇨, 치마도 입어요.

⑦ 다나카 씨 전화번호 알아요?

⑧ 이번 주말에도 별로 예정이 없어요. 집에 있어요.

⑨ 동생은 지금 어디에 살아요?

⑩ 5月5日は子供の日です。

⑪ 先生の日は何月何日ですか。

⑫ 16日は土曜日です。

⑬ 顔を洗って歯を磨きます。

⑭ このドラマ面白いですか。

⑮ キムチおいしいですか。
　―ええ、おいしいです。

⑯ なにを作りますか。
　―のり巻きを作ります。

⑰ どうして結婚しませんか。

単語

올해　今年	전화번호【電話番号】	歯　이
추석【秋夕】お盆	이번　今度	磨く　닦다
다음달 [다음딸]　来月	주말【週末】	面白い　재미있다
가게　店	별로【別－】別に、特に	キムチ　김치
수요일【水曜日】	예정【予定】	おいしい　맛있다
영업하다【営業－】	지금【只今】今	のり巻き　김밥
일요일【日曜日】		どうして　왜
연습하다【練習－】	子供の日　어린이 날	結婚する　결혼하다【結婚－】
날씨　天気	先生の日　스승의 날	
기분【気分】	土曜日　토요일【土曜日】	
치마　スカート、チマ	顔を洗う　세수하다【洗手－】	

가족들과 같이 고향에 가요.

家族と一緒に故郷に行きます。

第6課

学習事項 ❶固有数詞 ❷時刻・時間の表し方 ❸助詞…와/과, …(으)로 ❹해요体の作り方(母音語幹)

CD-85

유미 : 추석은 어떻게 지내요?

재현 : 가족들과 같이 고향에 가요.

유미 : 고향이 어디예요?

재현 : 나주요.

유미 : 사람들이 많이 와요?

재현 : 네, 친척들이 다 모여요.

유미 : 어떻게 가요? 버스로 가요?

재현 : 버스는 안 돼요. 많이 밀려요. KTX로 가요.

유미 : 나주까지 시간이 얼마나 걸려요?

재현 : 두 시간 정도 걸려요. 한 시에 타면 세 시쯤에 도착해요.

日本語訳

由美:お盆はどのように過ごしますか。
材晛:家族と一緒に故郷に行きます。
由美:故郷はどこですか。
材晛:羅州ですよ。
由美:皆さんたくさん来ますか。
材晛:ええ、親戚がみんな集まります。

由美:どうやって行きますか。バスで行きますか。
材晛:バスはだめですよ。ひどく渋滞します。KTXで行きます。
由美:羅州まで時間がどれくらいかかりますか。
材晛:2時間ぐらいかかります。1時に乗れば3時ごろに到着します。

単語

추석 【秋夕】お盆〔旧暦8月15日〕	친척 【親戚】	걸려요?<걸리다　かかる
어떻게　どうやって、どのように	다　みんな、全部	두 시간　2時間
지내요?　過ごしますか<지내다　過ごす	모여요<모이다　集まる	정도 【程度】
가족 【家族】	…로　…で	한 시　1時
…들　…たち、…ら	안 돼요<안 되다　だめだ	세 시　3時
…과　と	밀려요<밀리다　混む、滞る	…쯤　…頃、…ぐらい
같이 [가치]　一緒に	KTX [케이티엑스]　韓国高速鉄道	도착해요<도착하다 【到着-】到着する
고향 【故郷】	…까지　…まで	
나주　羅州（地名）	시간 【時間】	
	얼마나　どれくらい	

제육과 ● 가족들과 같이 고향에 가요.

文法解説

(1) 固有数詞

1	2	3	4	5	6	7	8	9	10
하나	둘	셋	넷	다섯	여섯	일곱	여덟	아홉	열

11	12	13	14	15
열 하나	열 둘	열 셋	열 넷	열 다섯

20	26	27	28	29
스물	스물 여섯	스물 일곱	스물 여덟	스물 아홉

発音　【複合終声】여덟[여덜]；【濃音化】열 둘[열뚤], 스물 다섯[스물따섣], 열 셋[열쎋]；【流音化】 열 넷[열렏], 스물 넷[스물렏]；【n-挿入＋流音化】열 여섯[열려섣], 스물 일곱[스물릴곱], 열 여덟[열려덜]

固有数詞には99までしかなく百の位以上の数には漢数詞を用いる。30以上の固有数詞については巻末の付録4を参照。

練習　次の数を固有数詞で読んでみよう。

```
6 2 4 8 1        9 7 3 10 5        2 8 10 3 5        9 1 7 4 6
11 21 19 29 12   22 15 25 13 23    14 24 14 24 16    26 17 27 18 28
```

(2) 時刻・時間の表し方

時刻と時間は固有数詞と助数詞 **시**（時）、**시간**（時間）とで表す。このように固有数詞が助数詞と共に用いられるとき、**하나、둘、셋、넷、스물**の5つの数詞は、最後の1音を落として次のように変化する。

하나 ➡ 한　　둘 ➡ 두　　셋 ➡ 세　　넷 ➡ 네　　스물 ➡ 스무

1時(間)	2時(間)	3時(間)	4時(間)	5時(間)	6時(間)
한 시(간)	두 시(간)	세 시(간)	네 시(간)	다섯 시(간)	여섯 시(간)
7時(間)	8時(間)	9時(間)	10時(間)	11時(間)	12時(間)
일곱 시(간)	여덟 시(간)	아홉 시(간)	열 시(간)	열 한 시(간)	열 두 시(간)

「時(間)」は固有数詞と共に用いるが、「分、秒」は漢数詞と共に用いなければならない。

　세 시 십오 분　　3時15分　　　여덟 시 사십 분　　　8時40分
　스무 시간　　　　20時間　　　두 시간 이 분 오십칠 초　2時間2分57秒

練習　次の時刻を韓国語で言ってみよう。

```
1時1分    2時2分    3時3分    4時4分    5時5分    6時6分
7時7分    8時8分    9時9分    10時10分  11時11分  12時12分
5時30分   9時13分   3時25分   7時45分   12時46分  10時14分
```

時刻・時間を尋ねるには、**몇 시(간)**（何時(間)）を用いる。

　지금 몇 시예요?　　　　　　　今、何時ですか。
　부산까지 몇 시간 걸립니까?　　釜山まで何時間かかりますか。

67

(3) 助詞

…와/과	…と	パッチムのある語の後では과、母音で終わる語の後では와を用いる。
…하고		話し言葉でよく用いられる

빵과 우유　パンと牛乳　　이것과 그것　これとそれ　　가족과 같이　家族と一緒に
커피와 홍차　コーヒーと紅茶　영어와 국어　英語と国語　　친구와 같이　友達と一緒に
오늘하고 내일　今日と明日　　공부하고 운동　勉強と運動　　아빠하고 같이　父さんと一緒に

…(으)로	…で（手段） …へ（方向）	ㄹ以外のパッチムのある語の後では으로、母音とㄹで終わる語の後では로を用いる。

핸드폰으로　携帯で　　　버스로　バスで　　지하철로　地下鉄で
한국으로　韓国へ　　　학교로　学校へ　　서울로　ソウルへ

練習　次の（　）内に와/과、(으)로のうち適当な助詞を入れて読みなさい。　1 2 3 4 5

① 한국（　）일본　韓国と日本　　　　② 엄마（　）같이　母さんと一緒に
③ 남자（　）여자　男と女　　　　　　④ 동생（　）같이　弟と一緒に
⑤ 전화（　）　電話で　　⑥ 무엇（　）　何で　　⑦ 돈（　）　お金で
⑧ 시골（　）　田舎へ　　⑨ 미국（　）　米国へ　　⑩ 어디（　）　どこへ

(4) 해요体の作り方（母音語幹）

　母音語幹の場合も語幹に아または어を付けて第Ⅲ語基を作ることには変わりがないが、それによって母音が連続することになるため、母音の省略や縮約（畳み込み）が生じることが多い。次のような変化が起きる。

	原形	語義	第Ⅲ語基	해요体
아語幹	타다	乗る	타+아 → 타	타요
어語幹	서다	立つ	서+어 → 서	서요
여語幹	켜다	つける	켜+어 → 켜	켜요
애語幹	내다	出す	내+어 → 내/내어	내요
에語幹	세다	強い	세+어 → 세/세어	세요
오語幹	보다	見る	보+아 → 봐/보아	봐요
	오다	来る	오+아 → 와	와요
우語幹	주다	やる、くれる	주+어 → 줘/주어	줘요
	배우다	習う	배우+어 → 배워	배워요
이語幹	버리다	捨てる	버리+어 → 버려	버려요
	피다	咲く	피+어 → 피어	피어요
	아니다	でない	아니+어 → 아니어	아니에요
	이다	である	이+어 → 여/이어	예요/이에요
외語幹	되다	なる	되+어 → 돼/되어	돼요

제육과 ● 가족들과 같이 고향에 가요.

【ここに注意：母音語幹用言の第Ⅲ語基】

　先に示したように、母音語幹用言の第Ⅲ語基には、省略・縮約を伴う短い形と伴わない長い形を持つことが多い。その場合、長い形は主として書き言葉で用いられる。해요体は話し言葉であるので、短い形を用いる。

　오語幹のうち、오다（来る）は常に縮約される。

　우語幹のうち、배우다（習う）、치우다（片づける）など語幹に母音連続があるものは常に縮約される〔3連続母音は避けられる〕。

　이語幹は여に縮約されるのが普通であるが、피다（咲く）、아니다（でない）のように縮約されることのない語もある。이다（である）の場合の縮約形/非縮約形の対は文体の違いではなく、先行する語の終声の有無によって使い分けられる。母音で終わる語につく場合には-여が、子音で終わる語の後では-이어が使われる。すでに習ったように、이다（である）と아니다（でない）の場合は해요体の形が変則的で、예요（＜여요）/이에요（＜이어요）、아니에요（＜아니어요）となる。

　외語幹の第Ⅲ語基は特殊な縮約形왜を持つ。외と왜とは発音がほとんど同じであるので、綴りの違いに特に注意しなければならない。

　なお、母音語幹でも위語幹や의語幹では、子音語幹の場合と同様、어を付けるだけで何の変化も伴わない。

　　　쉬어요 ＜ 쉬다 (休む)　　　희어요 ＜ 희다 (白い)

練習　次の用言を해요体と합니다体平叙形に活用させよう。　　1 2 3 4 5

原形	해요体	합니다体	原形	해요体	합니다体
寝る 자다			取り替える 바꾸다		
出て来る 나오다			立つ、止まる 서다		
数える 세다			送る 보내다		
うまく行く 잘 되다			注文する 시키다		
開く 펴다			終わる 끝나다		
分ける 나누다			通う 다니다		
渡る 건너다			だめだ 안 되다		
会う 만나다			咲く 피다		
置く 두다			切る 베다		
終える 끝내다			飲む 마시다		
買う 사다			撃つ 쏘다		
感じる 느끼다			争う 싸우다		
(値が)高い 비싸다			勝つ 이기다		
晴れる 개다			塩辛い 짜다		

発音　鼻音化：끝나다[끈나다], 끝내다[끈내다]

応用練習

1 例のように対話文を作ってみよう。　　　　　　　　　　　　　　　　1 2 3 4 5

（例）먹다：먹습니까? 네, 먹어요. （食べますか？　はい、食べます。）

① 보이다（見える）
② 나가다（出かける）
③ 주다（やる、くれる）
④ 세다（強い）
⑤ 안되다（だめだ）
⑥ 보내다（送る）
⑦ 켜다（(灯りを)つける）
⑧ 맛보다（味わう）
⑨ 서다（止まる）
⑩ 기다리다（待つ）
⑪ 싸다（安い）
⑫ 치우다（片づける）
⑬ 만나다（会う）
⑭ 가르치다（教える）
⑮ 나오다（出て来る）

【ここがポイント：活用形を確実に覚えるために】

　活用形はすべて第Ⅰ語基、第Ⅱ語基、第Ⅲ語基のどれかに基づいて作られる。したがって、まず、新しい用言を習うたびに、**原形、条件形（하²-면）、해요体現在形**をセットにして、繰り返し書いて読む癖を付ける。さらに、語基の使い方に習熟するためには、新しい活用形を習うたびに、읽다（読む）や받다（受け取る）のような3種の語基がすべて異なる用言を使って、その活用形を繰り返し書いて読むようにする。例えば、받-고、받-지만、받으-면、받으-니까、받아-야、받아-도などのように。基礎の段階でこれを続ければ、やがて文法を意識せずに様々な活用形を自由に操作できるようになるはずである。

제육과 ● 가족들과 같이 고향에 가요.

2 次の韓国語は日本語に、日本語は韓国語に訳してみよう。　1 2 3 4 5

① 잘 지내요? 네, ―덕분에 잘 지내요. ＿＿＿＿＿＿＿＿＿

② 봄에는 개나리가 많이 피어요. ＿＿＿＿＿＿＿＿＿

③ 안경이 없으면 글씨가 잘 안 보여요. ＿＿＿＿＿＿＿＿＿

④ 그 애는 그림을 정말 잘 그려요. ＿＿＿＿＿＿＿＿＿

⑤ 요즘은 유치원에서도 영어를 가르쳐요. ＿＿＿＿＿＿＿＿＿

⑥ 35번 버스는 어디서 타요? ＿＿＿＿＿＿＿＿＿

⑦ 장마 때에는 비가 많이 와요. ＿＿＿＿＿＿＿＿＿

⑧ 4교시 수업은 4시 30분에 끝나요. ＿＿＿＿＿＿＿＿＿

⑨ 동생은 피아노하고 수영을 배워요. ＿＿＿＿＿＿＿＿＿

⑩ 学校までどうやって来ますか。 ―自転車で来ます。 ＿＿＿＿＿＿＿＿＿

⑪ 朝、何時に起きますか。 ―普通、6時に起きます。 ＿＿＿＿＿＿＿＿＿

⑫ 飛行機で5時間半ぐらいかかります。 ＿＿＿＿＿＿＿＿＿

⑬ 誰を待っていますか。 ―母さんです。 ＿＿＿＿＿＿＿＿＿

⑭ それはだめです。高すぎます。 ＿＿＿＿＿＿＿＿＿

⑮ 彼らはよく喧嘩します。 ＿＿＿＿＿＿＿＿＿

⑯ これ、どこへ送りますか。 ―韓国へ送ります。 ＿＿＿＿＿＿＿＿＿

⑰ 今日は風がとても強いです。 ＿＿＿＿＿＿＿＿＿

⑱ 友達と一緒に英語塾に通っています。 ＿＿＿＿＿＿＿＿＿

単語

덕분에 【德分-】 お陰様で
봄 春
개나리 レンギョウ
안경 【眼鏡】
글씨 字
애 子供 < 아이
그림 絵
정말 本当に
그리다 描く
요즘 この頃、最近
유치원 【幼稚園】

가르치다 教える
어디서 < 어디에서
장마 梅雨
때 とき
비 雨 *비가 오다 雨が降る
4교시 【-校時】 4限目
피아노 ピアノ
수영 水泳

자전거 自転거 【自転車】
아침 朝에

보통 普通 【普通】
비행기 飛行機 【飛行機】
반 半 【半】
기다리다 待つ
너무 비싸다 高すぎる
싸우다 喧嘩する
바람 風
세다 強い
학원 塾 【学院】
다니다 通う

배가 고프지 않아요?

お腹がすいていませんか。

> 学習事項 ❶ㅇ語幹用言 ❷長形否定 ❸意志・推量語幹〜하-겠 ❹합니다体勧誘形〜합²시다
> ❺助詞…에게/한테（…に） ❻位置名詞 ❼会話体における省略・短縮

CD-87

재현：지금 바쁘지 않아요?

유미：네, 안 바빠요. 왜요?

재현：배가 너무 고파요. 같이 식사합시다.

유미：하지만 오늘은 돈 없어요.

재현：괜찮아요. 나한테 돈 있어요. 내가 사겠어요.

유미：정말이에요? 잘 먹겠습니다.

재현：뭘 먹겠어요?

유미：난 삼계탕이 좋아요. 괜찮아요?

재현：네, 좋아요. 삼계탕은 '맛나식당'이 제일 맛있어요. 학교 앞에 있어요. 거기 갑시다.

日本語訳

材晛：今、忙しくないですか。
由美：はい、忙しくありません。どうしてですか。
材晛：お腹がペコペコなんです。一緒に食事しましょう。
由美：でも、今日はお金がありません。
材晛：大丈夫です。僕にお金があります。僕がおごりますよ。
由美：本当ですか。ご馳走になります。
材晛：何を食べますか。
由美：私はサムゲッタンがいいです。構いませんか。
材晛：ええ、いいですよ。サムゲッタンはマンナ食堂が一番おいしいです。学校の前にあります。そこに行きましょう。

単語

바쁘다	忙しい
〜지 않다	〜しない〔長形否定〕
왜	どうして、なぜ
배	腹、お腹
고파요	お腹がすいています<고프다 ひもじい
식사하다 【食事-】	食事する
〜합시다	〜しましょう
하지만	でも、しかし
돈	お金
괜찮다	構わない、大丈夫だ
내가	私が、僕が
사겠어요	おごります<사다 おごる
잘 먹겠습니다	いただきます、ご馳走になります〔食事に招待されたりおごられたりしたときに用いる〕
삼계탕	サムゲッタン〔若鳥の煮込み料理〕
맛나식당 【-食堂】	マンナ食堂
제일 【第一】	一番

発音

鼻音化：맛나[만나]

文法解説

(1) 으語幹用言

語幹が으の音で終わる**으語幹用言**は、**第Ⅲ語基を作るとき、まず語幹末の으を落としてから아または어を付ける**。쓰다（使う、書く）、크다（大きい）のような単音節語幹の場合には、으を落とした後어を付ける。

고프다（ひもじい）： 고프 ➡ 고ㅍ ➡ 고파

기쁘다（嬉しい）： 기쁘 ➡ 기ㅃ ➡ 기뻐

쓰다（使う、書く）： 쓰 ➡ ㅆ ➡ 써

練習 次の用言を条件形（〜하²-면）と해요体平叙形に活用させよう。　1 2 3 4 5

原形	条件形	해요体	原形	条件形	해요体
고프다（ひもじい）			크다（大きい）		
기쁘다（嬉しい）			슬프다（悲しい）		
쓰다（使う、書く）			따르다（従う）		
바쁘다（忙しい）			나쁘다（悪い）		
예쁘다（きれいだ）			뜨다（浮かぶ）		
아프다（痛い）			담그다（漬ける）		

(2) 長形否定

〜하-지 않다	〜しない、〜ない	長形否定。原則としてすべての用言に対して用いることができる。書き言葉では長形否定を用いるのが普通。

아프지 않아요？ —네, 안 아파요.　　痛くないですか。—はい、痛くありません。

오늘은 연습하지 않아요？　　　　　今日は練習しませんか。

그 사람은 친절하지 않습니다.　　　彼は親切ではありません。

練習 次の用言を長形否定해요体（〜하-지 않아요）に活用させよう。　1 2 3 4 5

原形	長形否定	原形	長形否定
바쁘다（忙しい）		어렵다（難しい）	
오다（来る）		공부하다（勉強する）	
만들다（作る）		행복하다（幸福だ）	
좋다（良い）		좋아하다（好きだ）	

(3) 意志・推量語幹

第Ⅰ語基に接辞の-겠を付けたものを**意志・推量語幹**と呼ぶ。英語の助動詞willとよく似た意味を付け加える。意志・推量語幹も語幹であるので語基を持ち、第Ⅰ語基〜겠、第Ⅱ語基〜겠으、第Ⅲ語基〜겠어となる。

| 〜하-겠 | 〜する（つもりだ）；〜しそうだ、〜するだろう | 話し手の意志（平叙文）や聞き手の意志（疑問文）、三人称主語の場合にはかなり確信を持った推量を表す。 |

나도 같이 가겠어요.	僕も一緒に行きます。
신문 읽겠습니까?	新聞読みますか。
서울은 내일 비가 오겠습니다.	ソウルは明日雨が降るでしょう。
이거 맛있겠어요.	これ、おいしそうです。

へりくだりや丁寧な感じを付け加えるのに意志・推量語幹が使われることもある。

처음 뵙겠습니다.	お初にお目にかかります。
네, 알겠습니다.	はい、わかりました／承知しました。
잘 모르겠어요.	よくわかりません。

(4) 합니다体勧誘形

| 〜합²시다 （Ⅱ-ㅂ시다） | 〜しましょう |

原形	語義	Ⅱ	勧誘形
읽다	読む	읽으	읽읍시다
타다	乗る	타	탑시다
만들다	作る	만들	만듭시다※

※ㄹ語幹ではSPON規則によりㄹが落ちる。

다 같이 읽읍시다.	みんな一緒に読みましょう。
택시를 탑시다.	タクシーに乗りましょう。
저녁에는 자장면을 만듭시다.	夕方はチャジャン麺を作りましょう。

練習 次の用言を합니다体勧誘形に活用させよう。　　1 2 3 4 5

原形	勧誘形	原形	勧誘形	原形	勧誘形
受け取る 받다		かける 걸다		注文する 시키다	
笑う 웃다		見る 보다		習う 배우다	
開ける 열다		座る 앉다		待つ 기다리다	

(5) 助詞

| …에게
…한테 | …に | 人あるいは動物に対して用いる。
…한테は話し言葉で用いられる。 |

동생에게 주겠어요.	弟にあげます。
나한테 돈이 있어요.	私にお金があります。
개에게/꽃에 물을 줍니다.	犬に／花に水をやります。

(6) 位置名詞

事物の位置関係を表す一連の語があり、存在詞文や移動動詞文でよく用いられる。

앞	前	뒤	後ろ、裏	끝	端、先
안	中（範囲）	속	中（閉じた空間）	밖	外
위	上	아래	下	밑	下
옆	横	곁	そば	근처	近所
가까이	近く	사이	間	가운데	中、真ん中
주변	周囲	건너(편)	向こう（側）	맞은편	向かい

학교 앞에 식당이 많이 있어요.　　学校の前に食堂がたくさんあります。
주차장은 은행 뒤에 있어요.　　　　駐車場は銀行の裏にあります。
버스 안에서 책을 읽어요.　　　　　バスの中で本を読みます。
교실 밖으로 나갑시다.　　　　　　教室の外に出ましょう。
우리 사이에는 비밀이 없어요.　　　私達の間には秘密がありません。
친구는 우리 집 근처에 살아요.　　　友達はうちの近所に住んでいます。

(7) 会話体における省略・短縮

日常の会話において、次のような省略・短縮が生じる。

① 여기、거기、저기、어디の後などで助詞에が省略され、에서は서に短縮される。
　　여기(에) 있어요.　　　　　ここにあります。
　　재현 씨, 어디(에) 있어요?　チェヒョンさん、どこにいますか。
　　오늘은 학교(에) 안 가요.　今日は学校に行きません。
　　여기(에)서 멀어요?　　　　ここから遠いですか。

② 代名詞の이것、그것、저것は、이거、그거、저거に短縮される。
　　이거 맛있어요.　　　これはおいしいです。
　　그거 얼마예요?　　　それはいくらですか。

③ 이것은、그것은、저것은は、이건、그건、저건に短縮される。
　　이건 필요없어요.　　これは要りません。
　　그건 괜찮아요.　　　それはいいです。

④ 이것을、그것을、저것을、무엇을は、이걸、그걸、저걸、뭘に短縮される。
　　저걸 좀 봐요.　　　　ちょっとあれを見てください。
　　점심은 뭘 먹어요?　　お昼は何を食べますか。

⑤ 이것으로、그것으로、저것으로、무엇으로는、이걸로、그걸로、저걸로、뭘로となる。
　　이걸로 합시다.　　　これにしましょう。
　　뭘로 만들어요?　　　何で作りますか。

⑥ 이것이、그것이、저것이는、이게、그게、저게となる。
　　이게 뭐예요?　　　　これは何ですか。
　　그게 더 좋아요.　　　それがもっと良いです。

第7課 ● お腹がすいていませんか。

⑦ 나는、저는は난、전に、나를、저를は날、절に短縮される。
　　난 괜찮아요. 　　私はかまいません。
　　전 안 먹어요. 　　わたくしは食べません。
　　날 좀 봐요. 　　ちょっと私を見てください。

応 用 練 習

1 例のように対話文を作ってみよう。　　　　　　　　　　1 2 3 4 5

(1) 먹다 : 먹지 않아요? 네, 안 먹어요. (食べませんか。ええ、食べません。)

　① 좋다 （良い）
　② 비싸다 （高い）
　③ 배우다 （学ぶ）
　④ 마시다 （飲む）
　⑤ 오다 （来る）
　⑥ 바쁘다 （忙しい）
　⑦ 슬프다 （悲しい）
　⑧ 쓰다 （使う）
　⑨ 좋아하다 （好きだ）
　⑩ 결혼하다 （結婚する）

(2) 가다 : 안 가겠어요? 아뇨, 갑시다. (行きませんか。いいえ、行きましょう。)

　① 보다 （見る）
　② 기다리다 （待つ）
　③ 읽다 （読む）
　④ 닦다 （磨く）
　⑤ 놀다 （遊ぶ）
　⑥ 만들다 （作る）
　⑦ 예약하다 （予約する）

2 次の韓国語は日本語に、日本語は韓国語に訳してみよう。　1 2 3 4 5

① 일이 바쁘지 않아요?
　―네, 좀 바빠요.
② 숙제가 힘들지 않아요?
③ 머리가 너무 아파요.
　약이 없어요?
④ 애들이 배가 고프겠어요.
⑤ 아침 일찍 일어납시다.
　알겠어요?
⑥ 올 겨울도 날씨가 춥겠습니다.
⑦ 정말 맛있겠어요. 잘 먹겠습니다.
⑧ 우리 동생 예쁘죠?
　―네, 정말 예뻐요.
⑨ 김장은 언제쯤에 담가요?
⑩ 前の席に座りましょう。ここはよく見えません。
⑪ 空気が悪いです。窓を開けましょう。
⑫ この映画面白そうです。これ見ましょう。
⑬ 明日は雪が降るでしょう。
⑭ 漢字でどう書きますか。
⑮ 今日は楽しく遊びましょう。
⑯ 申し訳ありません。よく存じません。
⑰ これからは熱心に勉強しましょう。
⑱ 嬉しくないですか。
　―いいえ、嬉しいです。

単語

일　仕事
머리　頭
너무　とても
약【薬】
일찍　早く
일어나다　起きる
올 겨울　今年の冬
춥다　寒い

前の席　앞자리
座る　앉다
空気　공기【空気】
窓　창문【窓門】
映画　영화【映画】
面白い　재미있다
明日　내일【来日】
雪が降る　눈이 오다/내리다
漢字　한자 [한짜]【漢字】
どう　어떻게

楽しく　즐겁게
申し訳ない　죄송하다
これから　앞으로
熱心に　열심히 [열씸히]【熱心-】

여기 주문 받으세요.
ここ注文取って下さい。

学習事項 ❶敬語表現～하²-시 ❷不能表現 못 ～하다/～하-지 못하다 ❸願望表現～하-고 싶다
❹受益表現～해 주다 ❺用言の副詞形～하-게

CD-88

재현 : 저기요. 여기 주문 받으세요.

점원 : 어서 오십시오. 뭘 드시겠습니까?

재현 : 삼계탕 두 개 주세요. 그리고 치킨도 하나 주세요.

유미 : 안 돼요. 너무 많아요. 못 먹어요.

재현 : 괜찮아요. 난 먹고 싶어요. 지금 엄청 배고프니까요. 여기 치킨도 주세요.

점원 : 네, 알겠습니다. 그러면 삼계탕 두 개하고 치킨 하나죠? 잠깐만 기다리십시오.

재현 : 맛있게 해 주세요.

日本語訳

材晛：すみません。ここ、注文取って下さい。
店員：いらっしゃいませ。何を召し上がりますか。
材晛：サムゲッタン2つ下さい。それとチキンも1つ下さい。
由美：だめですよ。多すぎます。食べられません。
材晛：大丈夫です。僕は食べたいです。今ものすごくお腹がすいていますから。ここチキンも下さい。
店員：はい、かしこまりました。では、サムゲッタン2つとチキン1つですね。少々お待ちください。
材晛：おいしくしてくださいね。

単語

저기요	すみません〔食堂などで人などを呼ぶときの言葉〕
주문	【注文】
받으세요	取って下さい、受けて下さい＜받다
어서 오십시오	いらっしゃいませ。
오십시오	おいで下さい＜오다
드시다	召し上がる
삼계탕	【参鷄湯】サムゲッタン〔若鳥を煮込んだ薬膳料理〕
두 개	【-個】2個、2つ
그리고	それと、そして
치킨	ローストチキン
못	できない
～하-고 싶다	～したい
잠깐만	しばらく、少しの間だけ
기다리십시오	お待ちください＜기다리다

発音 鼻音化：못 먹어요[몬머거요]

文法解説

(1) 敬語表現

述語用言の主語や主体に対して敬意を表す場合、用言を<u>尊敬語幹</u>（Ⅱ＋시）にする。

| 尊敬語幹 | ～하²-시 | ～される、お～になる、ご～になる |

ㄹ語幹用言の尊敬語幹ではSPON規則によりㄹが脱落することに注意。尊敬語幹の第Ⅰ語基、第Ⅱ語基、第Ⅲ語基は、それぞれ～하시、～하시、～하셔となる。したがって、합니다体は～하²십니다/까、条件形は～하²시면のように活用する。しかし、해요体は普通～하²세요という特別な形が用いられる。また、합니다体命令形（丁寧な命令形）は～하²십시오のように活用する。

原形	尊敬語幹	합니다体平叙	합니다体疑問	합니다体命令	条件形	해요体
来る 오다	오시	오십니다	오십니까	오십시오	오시면	오세요
忙しい 바쁘다	바쁘시	바쁘십니다	바쁘십니까		바쁘시면	바쁘세요
受け取る 받다	받으시	받으십니다	받으십니까	받으십시오	받으시면	받으세요
良い 좋다	좋으시	좋으십니다	좋으십니까		좋으시면	좋으세요
住む、暮らす 살다	사시	사십니다	사십니까	사십시오	사시면	사세요
大変だ 힘들다	힘드시	힘드십니다	힘드십니까		힘드시면	힘드세요

練習 次の用言を해요体敬語形と합니다体命令形に活用させよう。　1 2 3 4 5

原形	해요体敬語形	합니다体命令形	原形	해요体敬語形	합니다体命令形
来る 오다	오세요	오십시오	開く 펴다		
着る 입다			遊ぶ 놀다		
かける 걸다			読む 읽다		
見る 보다			与える 주다		
売る 팔다			磨く 닦다		
座る 앉다			書く 쓰다		

【ここに注意：絶対敬語法】
韓国語では両親や祖父母のことを他人に向かって話す場合や、会社の上司のことを部外者に話す場合にも、目上の人の動作や状態については常に敬語を使って表現しなければならない。これを<u>絶対敬語法</u>という。

一部の動詞は特殊な敬語形を持っている。ただし、すべて尊敬語幹を作る시を含んでいる。

普通形	敬語形	해요体	普通形	敬語形	해요体
食べる 먹다	召し上がる 드시다	드세요	言う 말하다	おっしゃる 말씀하시다	말씀하세요
飲む 마시다	잡수시다	잡수세요	いる 있다※	いらっしゃる 계시다	계세요
寝る 자다	お休みになる 주무시다	주무세요	いない 없다※	いらっしゃらない 안 계시다	안 계세요

※存在詞있다/없다が「ある/ない」の意味で用いられる場合は、敬語形은있으시다/없으시다となる。
　例：시간이 없으세요？（お時間ございませんか。）

뭘 드시겠어요?　　　　　　　何を召し上がりますか。
몇 시에 주무세요?　　　　　　何時にお休みになりますか。
어서 말씀하세요.　　　　　　さあ、お話し下さい。
선생님 계세요?　　　　　　　先生いらっしゃいますか。
―아뇨, 여기에는 안 계세요.　―いいえ、ここにはいらっしゃいません。

(2) 不能表現

不能表現	못 ～하다（短形） ～하-지 못하다（長形）	～できない、～することができない

不能表現にも、否定表現の場合と同様、短形と長形がある。短形否定の안을 못に置き換えれば短形不能、長形否定の않다를 못하다に置き換えれば長形不能の表現となる。

短形否定	短形不能	長形否定	長形不能
行きません。 안 가요.	行けません。 못 가요.	가지 않아요.	가지 못해요.
食べませんか。 안 먹어요?	食べられませんか。 못 먹어요?	먹지 않아요?	먹지 못해요?
売りませんか。 안 팝니까?	売れませんか。 못 팝니까?	팔지 않습니까?	팔지 못합니까?
約束しません。 약속 안 해요.	約束できません。 약속 못 해요.	약속하지 않아요.	약속하지 못해요.

発音 激音化：못 해요[모태요], 못합니다[모탐니다]；鼻音化：못 먹어요[몬머거요], 약속 못 해요[약송모태요]

練習 次の用言を해요体短形不能と長形不能に活用させよう。

原形	短形不能	長形不能
行く 가다	못 가요	가지 못해요
信じる 믿다		
飲む 마시다		
与える 주다		
言う 말하다		

(3) 願望表現

| ~하-고 싶다 | ~したい |

뭘 먹고 싶어요? 　　　　　　何を食べたいですか。
중국어를 배우고 싶습니다. 　　中国語を習いたいです。
어디로 가고 싶으세요? 　　　　どこへいらっしゃりたいですか。

(4) 受益表現

| ~해 주다 | ~してくれる、~してやる |

동생한테 보내 주겠어요. 　　弟に送ってやります。
영어는 친구가 가르쳐 줘요. 　英語は友達が教えてくれます。
시내를 안내해 주세요. 　　　市内を案内してください。

練習 次の用言について해요体の願望表現と受益表現を作ってみよう。

原形	願望表現	受益表現
する 하다	したいです 하고 싶어요	してください 해 주세요
信じる 믿다		
見せる 보이다		
開ける 열다		
送る 보내다		
伝える 전하다		

(5) 用言の副詞形

| ~하-게 | ~するように、~に |

맛있게 드세요. (<맛있다) 　　　　　　　　おいしく召し上がれ。
다 사이 좋게 놉시다. (<좋다) 　　　　　　みんな仲良く遊びましょう。
매일 즐겁게 지내요. (<즐겁다) 　　　　　　毎日楽しく過ごします。
선생님은 재미있게 이야기하십니다. (<재미있다) 　先生は面白くお話しされます。

第8課 ● ここ注文取って下さい。

応 用 練 習

1 次の用言を使って、例のように対話文を作ってみよう。

(1) 먹다 : 먹지 못해요? 네, 못 먹어요. (食べられませんか。ええ、食べられません。)

① 믿다　　② 잡다　　③ 타다　　④ 쓰다
⑤ 바꾸다　⑥ 보내다　⑦ 설명하다　⑧ 전화하다

❶ 信じる　　❷ 捕まえる　❸ 乗る　　❹ 書く
❺ 取り替える　❻ 送る　　❼ 説明する　❽ 電話する

(2) 가다 : 안 가시겠어요? 아뇨, 가요. (いらっしゃいませんか。いいえ、行きます。)

① 보다　　② 기다리다　③ 읽다　　④ 놀다
⑤ 만들다　⑥ 쉬다　　⑦ 만나다　⑧ 구경하다

❶ 見る　　❷ 待つ　　❸ 読む　　❹ 遊ぶ
❺ 作る　　❻ 休む　　❼ 会う　　❽ 見物する

(3) 하다/산책 : 뭘 하세요? 산책을 해요. (何をなさいますか。散歩をします。)

① 보다/드라마　② 쓰다/편지　③ 받다/선물　④ 가르치다/영어
⑤ 먹다/냉면　　⑥ 사다/옷　　⑦ 그리다/약도　⑧ 배우다/피아노

❶ 見る/ドラマ　❷ 書く/手紙　❸ もらう/贈り物　❹ 教える/英語
❺ 食べる/冷麺　❻ 買う/服　　❼ 描く/略図　　❽ 習う/ピアノ

(4) 텔레비전을 보다 : 뭘 하고 싶어요? 텔레비전을 보고 싶어요.
　　　　　　　　　(何をしたいですか。テレビを見たいです。)

① 밥을 먹다　　② 전화를 걸다　③ 메일을 보내다　④ 집에시 쉬다
⑤ 여행을 가다　⑥ 선물을 사다　⑦ 커피를 마시다　⑧ 영어를 배우다

❶ ご飯を食べる　❷ 電話をかける　❸ メールを送る　❹ 家で休む
❺ 旅行に行く　　❻ 贈り物を買う　❼ コーヒーを飲む　❽ 英語を習う

2 次の韓国語は日本語に、日本語は韓国語に訳してみよう。　　1 2 3 4 5

① 잠시만 기다리십시오. 곧 가겠습니다.

② 잘 지내십니까? ―네, 덕분에 잘 지내요.

③ 안 계십니까? ―네, 어서 오십시오.

④ 고향이 어디세요? ―나주예요.

⑤ 부모님은 어디에 사세요? ―부산에 사세요.

⑥ 힘드시면 저한테 맡겨 주세요.

⑦ 글씨를 크게 써 주세요. 잘 안 보여요.

⑧ 전화를 받아 주세요. 난 지금 못 받아요.

⑨ 미안하지만 오늘은 못 가요. ―왜 못 와요?

⑩ 술은 뭘 드시겠어요? ―맥주를 마시고 싶어요.

⑪ 夜は何時ごろにお休みになりますか。―大抵10時ごろに寝ます。

⑫ 何を勉強したいですか。―歴史を勉強したいです。

⑬ ここに住所と電話番号を書いてください。

⑭ 日曜日には何をなさいますか。―子供たちと遊びます。

⑮ キム先生いらっしゃいますか。―はい、ここにいます。

⑯ 今日忙しくなければ一杯やりましょう。

⑰ コンビニでラーメンとキムチを買いたいです。

⑱ 週末に天気が良ければ、一緒に山登りに行きましょう。

⑲ お仕事はお忙しいですか。―ええ、相変わらず忙しいです。

⑳ 窓を開けてください。空気が悪すぎます。

単語

잠시만【暫時-】しばらく	전화【電話】전화를 받다 電話に出る、電話を取る	一杯やる 한잔 하다
곧 すぐ		コンビニ 편의점[펴니점]【便宜店】
지내다 過ごす・잘 지내다 元気でいる	미안하다【未安-】すまない	ラーメン 라면
덕분에【德分-】お陰さまで	술 酒	天気が良い 날씨가 좋다
고향【故郷】	맥주【麦酒】ビール	山登り 등산【登山】、山登りに行く 등산을 가다
어디세요 ＜ 어디이세요	大抵 대개【大概】	相変わらず 여전히【如前-】
부모님【父母-】ご両親	歴史 역사【歴史】	窓 창(문)【窓門】
맡기다 任せる	住所 주소【住所】	開ける 열다
글씨 文字、字	番号 번호【番号】	空気 공기【空気】
크게 大きく ＜ 크다	書く 쓰다, 적다	悪すぎる 너무 나쁘다

제구과 / 第9課　나도 방금 왔어요.

私も今来たところです。

> 学習事項　❶第Ⅲ語基の副詞的用法〜해-서　❷過去形〜했（Ⅲ+ㅆ）　❸詠嘆形〜하-네요
> ❹試行表現〜해 보다

CD-89

재현: 늦어서 미안해요. 오래 기다렸죠?

유미: 아뇨, 나도 방금 왔어요.

재현: 어, 그 운동화 멋있네요. 잘 어울려요.

유미: 정말요? 기분 좋네요. 어제 이태원에 가서 샀어요.

재현: 비쌌죠? 얼마였어요?

유미: 그다지 비싸지 않았어요. 5만 4천 원이었어요.

재현: 싸게 샀네요. 나도 한 켤레 사고 싶어요.

유미: 한번 이태원에 가 봐요.

> 日本語訳

材晛: 遅くなってすみません。長く待ったでしょう。
由美: いいえ、私も今来たばかりです。
材晛: あれ、そのスニーカー素敵ですね。よく似合います。
由美: 本当ですか。気分いいですね。昨日、梨泰院に行って買いました。
材晛: 高かったでしょう。いくらでしたか。
由美: そんなに高くありませんでした。54,000ウォンでした。
材晛: 安く買いましたね。僕も一足欲しいです。
由美: 一度、梨泰院に行ってみなさいよ。

> 単語

늦어서　遅くなって、遅れて＜늦다 遅い、遅れる
미안하다　【未安-】すまない、申し訳ない
오래　長く、長い間
방금　【方今】たった今、いましがた
왔어요　来ました＜오다
어　あれ、おや
운동화　【運動靴】スニーカー
멋있다　素敵だ
어울리다　似合う
기분　【気分】
좋네요　いいですねえ＜좋다
어제　昨日
이태원　【梨泰院】〔ソウルの商業地域〕

가서　行って＜가다
〜해-서　〜して
샀어요　買いました＜사다
비쌌죠　高かったでしょう＜비싸다
얼마였어요　いくらでしたか＜이다
얼마　いくら
5(오)만 4(사)천 원　【五万四千-】
원　ウォン〔韓国の貨幣単位〕
싸게　安く＜싸다
켤레　…足〔履物などを数える助数詞〕
한번　【-番】一度
가 봐요　行ってみてください
〜해 보다　〜してみる

> 発音　鼻音化: 좋네요[존네요], 샀네요[산네요]

文法解説

(1) 第Ⅲ語基の副詞的用法

| ～해-서 | ～して | 後の節で表される感情や判断などの原因・根拠を表したり、後の節で表される動作・出来事の成立に必要な先行動作を表したりする。 |

와 **주셔서** 감사합니다.　　　おいで下さってありがとうございます。
날씨가 **좋아서** 다행이에요.　　お天気が良くて幸いです。
시간이 **없어서** 못 갔어요.　　時間がなくて行けませんでした。
그 일은 **만나서** 이야기합시다.　そのことは会って話しましょう。
집에 **가서** 쉬고 싶어요.　　　家に帰って休みたいです。

(2) 過去形

　用言を過去の出来事や状況を表す過去形にするには、第Ⅲ語基に過去の意味を表すㅆを付けた過去語幹を用いる。

| 過去語幹 | ～었（Ⅲ+ㅆ） | ～した、～だった |

　過去語幹も3種の語基を持つ。その第Ⅰ語基、第Ⅱ語基、第Ⅲ語基は、それぞれ～었、～었으、～었어となる。

原形	語義	Ⅲ	過去語幹	합니다体	理由形	해요体
먹다	食べる	먹어	먹었	먹었습니다/까	먹었으니까	먹었어요
좋다	良い	좋아	좋았	좋았습니다/까	좋았으니까	좋았어요
놀다	遊ぶ	놀아	놀았	놀았습니다/까	놀았으니까	놀았어요
가다	行く	가	갔	갔습니다/까	갔으니까	갔어요
오다	来る	와	왔	왔습니다/까	왔으니까	왔어요
내다	出す	내	냈	냈습니다/까	냈으니까	냈어요
배우다	習う	배워	배웠	배웠습니다/까	배웠으니까	배웠어요
마시다	飲む	마셔	마셨	마셨습니다/까	마셨으니까	마셨어요
되다	なる	돼	됐	됐습니다/까	됐으니까	됐어요
이다	である	이어※ 여	이었 였	이었습니다/까 였습니다/까	이었으니까 였으니까	이었어요 였어요
아니다	でない	아니어	아니었	아니었습니다/까	아니었으니까	아니었어요
말하다	言う	말해	말했	말했습니다/까	말했으니까	말했어요
하시다	なさる	하셔	하셨	하셨습니다/까	하셨으니까	하셨어요

※パッチムを持つ語の後では이어、母音で終わる語の後では여。

됐습니다. 많이 **먹었습니다**.　　　結構です。たくさんいただきました。
거기는 경치가 **좋았죠**?　　　　　　あそこは景色が良かったでしょう。
안녕히 **주무셨습니까**?　　　　　　よくお休みになれましたか。
그 때 저는 중학생**이었어요**.　　　その時私は中学生でした。
준비가 **됐으면** 출발합시다.　　　　用意が出来たら出発しましょう。
한 시간 **기다렸지만** 친구는 안 **왔어요**.　1時間待ったけど友達は来ませんでした。

第9課 ● 私も今来たところです。

練習 次の用言を해요体現在形と過去形に活用させよう。　　1 2 3 4 5

原形	現在形	過去形	原形	現在形	過去形
食べる 먹다	먹어요	먹었어요	なる 되다		
良い 좋다			送る 보내다		
知っている 알다			来る 오다		
行く 가다			書く 쓰다		
見る 보다			上手だ 잘하다		
読む 읽다			私だ 저이다		
習う 배우다			春だ 봄이다		
飲む 마시다			いらっしゃる 계시다		
与える 주다			召し上がる 드시다		

(3) 詠嘆形

～하-네요 ～했-네요 ～하겠-네요	～しますねえ ～しましたねえ ～しそうですねえ	ㄹ語幹用言の場合には、SPONの法則が働いてㄹが脱落する。

날씨가 참 좋네요.　　　　すごくいいお天気ですねえ。
이거 정말 비싸네요.　　　これ本当に高いですねえ。
머리가 좀 기네요. (＜길다)　髪がちょっと長いですねえ。
사람들이 거의 없네요.　　人がほとんどいないですねえ。
맛있게 만들었네요.　　　おいしく作りましたねえ。
와, 맛있겠네요.　　　　　うわぁ、おいしそうですねえ。

発音 鼻音化：좋네요[존네요], 없네요[엄네요], 만들었네요[만드런네요], 맛있겠네요[마싣껜네요]

練習 次の用言を詠嘆形に活用させよう。　　1 2 3 4 5

よく食べる 잘 먹다		きれいだ 예쁘다		いらっしゃった 오셨다	
遠い 멀다		悲しい 슬프다		うまくいった 잘됐다	
見える 보이다		面白い 재미있다		うまく書いた 잘 썼다	
大変だ 힘들다		お上手だ 잘하시다		まずそうだ 맛없겠다	
多い 많다		いらっしゃる 계시다		良さそうだ 좋겠다	

発音 連音：맛없겠다[마덥께따]

(4) 試行表現

| ~해 보다 | ~してみる |

나도 오키나와에 가 보고 싶어요.　　私も沖縄に行ってみたいです。
한번 입어 보십시오.　　　　　　　一度着てみてください。
엄마한테 이야기해 봤어요.　　　　母さんに話してみました。
다 같이 읽어 봅시다.　　　　　　　みんないっしょに読んでみましょう。

練習 次の用言を試行表現にしてみよう。　　１２３４５

食べる 먹다	먹어 보세요	探す 찾다	
座る 앉다		撮る 찍다	
電話する 전화하다		言う 말하다	
乗る 타다		立つ 서다	
来る 오다		飲む 마시다	
計る 재다		替える 바꾸다	

応 用 練 習

1 例文の ⬜ の中を置き換えて言ってみよう。　　１２３４５

(1) 한번 먹어 보세요. 벌써 먹어 봤어요.
　　(一度 食べ てみてください。もう 食べ てみました。)

　① 마시다　　② 입다　　③ 타다　　④ 만들다
　⑤ 읽다　　　⑥ 쓰다　　⑦ 만나다　⑧ 이야기하다

　❶ 飲む　　　❷ 着る　　❸ 乗る　　❹ 作る
　❺ 読む　　　❻ 使う　　❼ 会う　　❽ 話をする

(2) 그 운동화 얼마였어요? 54,000원 이었어요.
　　(その スニーカー いくらでしたか。 5万4千ウォン でした。)

　① 장갑/8,500원　　　② 시계/79,000원　　　③ 안경/딱 40,000원
　④ 수첩/360엔　　　　⑤ 디카/28,000엔　　　⑥ 노트북/100,000엔 정도

　❶ 手袋/8千5百ウォン　　❷ 時計/7万9千ウォン　　❸ 眼鏡/4万ウォンちょうど
　❹ 手帳/360円　　　　　❺ デジカメ/2万8千円　　❻ ノートパソコン/10万円程度

(3) 언제 먹었어요? 어제 먹었습니다.
　　(いつ食べましたか。昨日食べました。)

① 받다/아침에　　② 읽다/작년에　　③ 보다/아까
④ 보내다/금요일에　⑤ 쓰다/주말에　　⑥ 끝나다/방금
⑦ 배우다/고등학교 때　⑧ 담그다/지난주에　⑨ 얘기하다/그저께

❶ 受け取る/朝　　❷ 読む/去年　　❸ 見る/さっき
❹ 送る/金曜日に　❺ 書く/週末に　❻ 終わる/たった今
❼ 習う/高校の時　❽ 漬ける/先週　❾ 話す/おととい

(4) 그 때 나는 중학생이었어요.
　　(そのとき私は中学生でした。)

① 대학생　　② 스무 살　　③ 반장　　④ 아이
⑤ 혼자　　　⑥ 우등생　　⑦ 가수　　⑧ 대표 선수

❶ 大学生　　❷ 二十歳　　❸ 級長　　❹ 子供
❺ 独り　　　❻ 優等生　　❼ 歌手　　❽ 代表選手

2 文意に合うように [　] 内の語を適当に活用させなさい。　　1 2 3 4 5

① 숙제가 [많다]서 힘들어요.　　　　宿題が多くて大変です。
② 바람이 [불다]서 시원해요.　　　　風が吹いて涼しいです。
③ 일이 [바쁘다]서 못 가요.　　　　 仕事が忙しくて行けません。
④ 버스를 [놓치다]서 지각했어요.　　バスに乗り遅れて遅刻しました。
⑤ [나가다]서 얘기합시다.　　　　　外に出て話をしましょう。
⑥ 가족이 [있다]서 행복해요.　　　　家族がいて幸せです。
⑦ 일이 [잘되다]서 다행이에요.　　　仕事がうまく行って幸いです。
⑧ 돈을 [모으다]서 유학을 가요.　　　お金を貯めて留学します。
⑨ 사람이 [적다]서 유감이네요.　　　人が少なくて残念ですねえ。
⑩ 돈이 [모자라다]서 못 샀어요.　　　お金が足りなくて買えませんでした。

3 次の韓国語は日本語に、日本語は韓国語に訳してみよう。

① 늦어서 미안해요. 길이 막혀서 시간이 많이 걸렸어요.

② 소풍날에 비가 안 와서 정말 다행이었네요.

③ 학교 가까이에 이사왔지만 방이 좁아서 불편해요.

④ 일부러 마중을 나와 주셔서 대단히 감사합니다.

⑤ 시험 잘 봤어요? 그다지 어렵지 않았죠?

⑥ 한국말 잘하시네요. 어떻게 배우셨어요?

⑦ 그동안 소식이 없어서 걱정 많이 했어요.

⑧ 청바지도 한번 입어 보세요. 편해서 좋아요.

⑨ 편의점에 들러서 라면을 사고 싶어요.

⑩ 그 사람을 만나 봤지만 인상이 안 좋았어요.

⑪ ソウルにはいついらっしゃいましたか。―昨日来ました。

⑫ 誕生日のプレゼントを送って下さってありがとうございます。

⑬ 友達に電話してみたけど出ませんでした。

⑭ 発音がいいですねえ。ずいぶん練習なさったでしょう。

⑮ ソウルは人も自動車も多いですねえ。

⑯ ここは空気が悪くて頭が痛いです。外へ出ましょう。

⑰ 彼は普通の人じゃありませんでした。天才でした。

⑱ 朝早く起きて運動をしてみてください。

⑲ 雪岳山に行って来たんですか。景色が良かったでしょう。

⑳ 今度は中国語も習ってみたいです。

単語

늦다　遅れる	시험【試驗】試験　시험을 잘 보다　試験がよくできる	練習する　연습하다【練習-】
길이 막히다　道が混む、渋滞する	그다지　そんなに、あまり	自動車　자동차【自動車】
걸리다　（時間が）かかる	그동안　その間、これまで	空気　공기【空気】
소풍【消風】遠足	소식【消息】消息、便り、知らせ	普通の　보통【普通】
날　日	걱정　心配	天才　천재【天才】
가까이　近く	청바지【靑-】ジーンズ	朝早く　아침 일찍
이사오다【移徙-】引っ越して来る	편하다【便-】楽だ	起きる　일어나다
방【房】部屋	들르다　立ち寄る	雪岳山　설악산【雪岳山】
좁다　狭い	인상【印象】印象	行って来る　갔다 오다
불편하다【不便-】不便だ	발음　발음【發音】	今度は　다음에는
일부러　わざわざ	ずいぶん　많이	
마중을 나오다　出迎える、迎えに来る		

付　録

1　カギャ表

(1) **カギャ表（反切表）**〔母音字母10個と子音字母14個を組み合せた表〕

	ㅏ	ㅑ	ㅓ	ㅕ	ㅗ	ㅛ	ㅜ	ㅠ	ㅡ	ㅣ
ㄱ	가	갸	거	겨	고	교	구	규	그	기
ㄴ	나	냐	너	녀	노	뇨	누	뉴	느	니
ㄷ	다	댜	더	뎌	도	됴	두	듀	드	디
ㄹ	라	랴	러	려	로	료	루	류	르	리
ㅁ	마	먀	머	며	모	묘	무	뮤	므	미
ㅂ	바	뱌	버	벼	보	뵤	부	뷰	브	비
ㅅ	사	샤	서	셔	소	쇼	수	슈	스	시
ㅇ	아	야	어	여	오	요	우	유	으	이
ㅈ	자	쟈	저	져	조	죠	주	쥬	즈	지
ㅊ	차	챠	처	쳐	초	쵸	추	츄	츠	치
ㅋ	카	캬	커	켜	코	쿄	쿠	큐	크	키
ㅌ	타	탸	터	텨	토	툐	투	튜	트	티
ㅍ	파	퍄	퍼	펴	포	표	푸	퓨	프	피
ㅎ	하	햐	허	혀	호	효	후	휴	흐	히

韓国語の辞書の見出し語は、この表に従って配列される。その順序をカギャ表のㅏ列の最初の3文字を取って「**가나다順**」と言う。

(2) **字母の名称**

24個の字母の各々に名称がある。母音字母は、ㅏは**아**、ㅑは**야**というように、それぞれの発音を名称とする。子音字母は単独で読めないため、次のような名称がある。原則として**이으**の先頭と末尾に当該の子音字母を入れたものを名称とするが、ㄱ、ㄷ、ㅅの3字母だけは変則的である。

ㄱ：기역 [kiyŏk]　　ㄴ：니은 [niŭn]　　ㄷ：디귿 [tigŭt]
ㄹ：리을 [riŭl]　　ㅁ：미음 [miŭm]　　ㅂ：비읍 [piŭp]
ㅅ：시옷 [ʃiot]　　ㅇ：이응 [iŭŋ]　　ㅈ：지읒 [ciŭt]
ㅊ：치읓 [cʰiŭt]　　ㅋ：키읔 [kʰiŭk]　　ㅌ：티읕 [tʰiŭt]
ㅍ：피읖 [pʰiŭp]　　ㅎ：히읗 [hiŭt]

濃音字母は平音字母を重ねて表すので、平音字母の名称の前に「2つの」という意味の接頭辞**쌍**【双】を付けて、쌍기역（ㄲ）、쌍디귿（ㄸ）、쌍비읍（ㅃ）、쌍시옷（ㅆ）、쌍지읒（ㅉ）と呼ぶ。

2 仮名のハングル表記

韓国では、日本語の地名や人名を次のような原則に従ってハングル表記している。

① 母音「ア、イ、ウ、エ、オ」は아、이、우、에、오で表す。ただし、「ス、ツ、ズ」の「ウ」音には으を使って스、쓰、즈のように表す。
②「ヤ、ユ、ヨ」は야、유、요で表す。
③「ワ」は와で表す。
④ サ行、ナ行、ハ行、マ行、ラ行の頭音はㅅ、ㄴ、ㅎ、ㅁ、ㄹで表す。
⑤ カ行、タ行、パ行、チャ行の頭音は、語頭ではㄱ、ㄷ、ㅂ、ㅈで表し、語中では有声化を避けるため激音のㅋ、ㅌ、ㅍ、ㅊを用いる。
⑥「チ」は語頭では지で、語中では치で表す。
⑦「ツ」は쓰で表す。
⑧ ガ行、ザ行、ダ行、バ行の頭音は、常にㄱ、ㅈ、ㄷ、ㅂで表す。語頭の濁音を適切に表記する方法はない。ジャ行頭音にもㅈを用いる。
⑨ 撥音の「ン」はパッチムの「ㄴ」で表す。
⑩ 促音の「ッ」はパッチムの「ㅅ」で表す。
⑪ 長音は特に表記をしない。

これを表にまとめると次のようになる。

仮名・ハングル対応表

仮名		ハングル	仮名		ハングル
ア行		아 이 우 에 오	ガ行		가 기 구 게 고　갸 규 교
カ行	語頭	가 기 구 게 고　갸 규 교	ザ行		자 지 즈 제 조
	語中	카 키 쿠 케 코　캬 큐 쿄	ダ行		다 지 쓰 데 도
サ行		사 시 스 세 소　샤 슈 쇼	バ行		바 비 부 베 보　뱌 뷰 뵤
タ行	語頭	다 지 쓰 데 도	パ行	語頭	바 비 부 베 보　뱌 뷰 뵤
	語中	타 치 쓰 테 토		語中	파 피 푸 페 포　퍄 퓨 표
ナ行		나 니 누 네 노　냐 뉴 뇨	チャ行	語頭	자　주　조
ハ行		하 히 후 헤 호　햐 휴 효		語中	차　추　초
マ行		마 미 무 메 모　먀 뮤 묘	ジャ行		자　주　조
ヤ行		야　유　요	撥音		ㄴ 안 인 운 엔 온
ラ行		라 리 루 레 로　랴 류 료	促音		ㅅ 앗 잇 웃 엣 옷
ワ行		와	長音		特に表記しない。

地名のハングル表記

愛媛	에히메	青森	아오모리	山梨	야마나시	広島	히로시마
小倉	고쿠라	博多	하카타	桑名	구와나	豊田	도요타
千歳	지토세	秩父	지치부	対馬	쓰시마	松山	마쓰야마
富山	도야마	岩手	이와테	香川	가가와	岐阜	기후
座間	자마	逗子	즈시	伊豆	이즈	飛鳥	아스카
磐梯	반다이	雲仙	운젠	別府	벳푸	鳥取	돗토리
日光	닛코	札幌	삿포로	銀座	긴자	本庄	혼조
東京	도쿄	大阪	오사카	道後	도고	高知	고치

【仮名のハングル表記の修正】

　韓国で採用されている表記法を見ると、日本語音との違いが大きいと感じられる点がいろいろある。どうしようもないところもあるが、もう少し日本語音に近づける工夫が可能な点もある。自分の名前を表記する場合には、そのような工夫を取り入れても何ら差し支えはない。

　まず抵抗を感じるのは「ツ」を즈と表記することである。これでは「松田」が「増田」のように聞こえてしまう。これを避けるには、語頭では스または쯔を、語中では츠を用いるという方法がある。また、語頭、語中ともに쓰と濃音で表記してもよい。

　長音と単音の区別をしないというのも、日本語話者の耳にはかなり違和感がある。これを是正する１つの方策として、名前のフリガナをそのままハングル表記することが考えられる。例えば、「大川裕子（オオカワ・ユウコ）」を오오카와 유우코、「飯島正平（イイジマ・ショウヘイ）」を이이지마 쇼우헤이と表記する方法である。日本語の発音と同じにはならないけれどもはるかに近くなる。

　語頭の濁音の表記は不可能なように見えるが、「後藤」꼬토우、「伴野」빤노のように濃音で表記すると、若干濁音に近く聞こえる。実際、これは韓国で外来語の語頭有声音を表すために日常的に取られている方法である。

　また、「健一」、「信也」などを겐이치、신야と表記すると、連音によって［게니치］、［시냐］のように読まれてしまうため、겡이치、싱야のように表記するのがよいだろう。

3 漢数詞

(1) 三桁以上の漢数詞

百	千	万	億	兆
백	천	만	억	조

漢数詞の配列は日本語の場合とほぼ同じである。

百五十	五百七十	三千二百	九千六百	一万八千	四万二千
백오십	오백칠십	삼천이백	구천육백	만 팔천[※]	사만 이천
十万	四十万	二百万	八千万	一億	七十三兆
십만	사십만	이백만	팔천만	일억	칠십삼조

※ 만（万）の前に 일（一）は付けない。

大きい数字の場合、「兆、億、万」の後で分かち書きする。
　　　삼십이만 사천오백　三十二万四千五百
　　　십억 칠천팔백구십만 육천삼백　十億七千八百九十万六千三百

次の音変化に注意。
　鼻音化：육만［융만］（六万）、십만［심만］（十万）、백만［뱅만］（百万）
　n-挿入＋鼻音化：백육［뱅뉵］（百六）、백육십［뱅뉵씹］（百六十）

(2) 漢数詞とともに用いられる助数詞

時間単位	世紀	年	(ヶ)月	週	分	秒
	세기	년	개월	주(일)	분	초

이십일 세기　21世紀　　이천십오 년　2015年　　육 개월　6か月
이 주(일)　2週間　　사 분 이십 초　4分20秒

度量衡単位	メートル	センチ	ミリ	キロ	グラム
	미터	센티	밀리	킬로	그램

백 미터　100メートル　　칠십오 센티　75センチ　　이백오십 밀리　250ミリ
삼십팔만 킬로　38万キロ　　사백 그램　400グラム

貨幣単位	ウォン	円	ドル
	원	엔	달러/불[※]

※「ドル」を불と読むのは、通貨記号の＄が漢字の「弗」（불）に似ているため。
　만 삼천 원　1万3千ウォン　　백만 엔　百万円　　구십 달러/불　90ドル

その他	番号	料理	時限	学年	生まれ年
	번【番】	인분【人分】	교시【校時】	학년【学年】	년생【年生】
	年齢	年齢層	階	部屋	車両
	세【歳】	대【代】	층【層】	호실【号室】	호차【号車】

이십육 번　26番　　　갈비 이 인분　カルビ2人前　　　사 교시　4限目
이 학년　2年生　　　구십 년생　90年生まれ　　　오십삼 세　53歳
삼십 대　30代　　　칠 층　7階　　　이백이 호실　202号室
팔 호차　8号車

⑶ **電話番号の読み方**

「ゼロ」は **공** と読み、適当な位置で区切って棒読みする。ただし、「6」は区切りの先頭でだけ **육** と読まれ、それ以外の位置では **륙** と読まれる。

　　　010-6326-5347　공일공 육삼이륙 오삼사칠
　　　090-1234-6869　공구공 일이삼사 육팔륙구

4 固有数詞

(1) 十位の固有数詞

漢数詞の場合とは異なり、固有数詞には十の位を表す特別の数詞がある。

10	20	30	40	50	60	70	80	90
열	스물	서른	마흔	쉰	예순	일흔	여든	아흔

固有数詞は99までしかなく、百位以上の数は漢数詞を用いる。

　　오만 사천이백 일흔 한 표　54,271票

(2) 固有数詞とともに用いられる助数詞

助数詞	例	備考
사람	한 사람（一人）、두 사람（二人）	人
명【名】	학생 스무 명（学生20名）	人
분	손님 두 분（客お二人）、몇 분（何人様）	人〔敬語〕
마리	개 한 마리（犬1匹）、소 두 마리（牛2頭）、닭 세 마리（鶏3羽）、벌레 한 마리（虫1匹）	動物全般
개【個】	사과 다섯 개（リンゴ5個）、계란 열 개（卵10個）、우산 한 개（傘1本）、넥타이 두 개（ネクタイ2本）	物一般
권【巻】	책 열 권（本10冊）、노트 두 권（ノート2冊）	冊子状の物
잔【盞】	커피 두 잔（コーヒー2杯）、맥주 한 잔（ビール1杯）	カップ等で飲む液体
장【帳】	종이 열 장（紙10枚）、김 스무 장（海苔20枚）	薄い物
병【瓶】	소주 세 병（焼酎3本）、맥주 두 병（ビール2本）	瓶に入った液体
자루	연필 한 자루（鉛筆1本）、나이프 두 자루（ナイフ2本）、가위 한 자루（ハサミ1丁）	手で使う長い道具
송이	포도 두 송이（ブドウ2房）、바나나 한 송이（バナナ1房）、장미꽃 일곱 송이（バラの花7本）	同じ形の物の集合体
통【通】	편지 한 통（手紙1通）、이력서 두 통（履歴書2通）	手紙、書類
벌	양복 한 벌（背広1着）、청바지 두 벌（ジーンズ2本）、셔츠 세 벌（シャツ3枚）、젓가락 두 벌（箸2膳）	衣類一般、揃いの物
켤레	구두 한 켤레（靴1足）、양말 두 켤레（靴下2足）、장갑 세 켤레（手袋3組）	対になっている物
대【台】	자동차 한 대（車1台）、텔레비전 두 대（テレビ2台）、컴퓨터 다섯 대（コンピュータ5台）	機器類
군데	한 군데（1か所）、네 군데（4か所）	場所
살	한 살（1歳）、스무 살（20歳）	年齢
번【番】	두 번（2回）、열 번（10回）	回数

5 助詞のまとめ

| …이/가 | …が；…では（ない）；…に（なる） |

오늘은 수업이 없어요.	今日は授業がありません。
거기는 경치가 아주 좋아요.	そこは景色がとても良いです。
거짓말이 아닙니다.	嘘ではありません。
저는 교사가 아니에요.	私は教師ではありません。
뭐가 되고 싶어요?	何になりたいですか。
얼음이 녹아서 물이 됐어요.	氷が解けて水になりました。

| …은/는 | …は |

| 노래는 못 해요. | 歌は歌えません。 |
| 내일은 수업이 없어요. | 明日は授業がありません。 |

| …을/를 | …を |

음악을 듣고 싶어요.	音楽を聞きたいです。
도서관에서 숙제를 해요.	図書館で宿題をします。
어디서 버스를 타요?	どこでバスに乗りますか。
배우는 누구를 좋아해요?	俳優は誰が好きですか。
미국에 출장을 가요.	アメリカに出張に行きます。

| …도 | …も |

| 영어도 한국말도 잘해요. | 英語も韓国語も上手です。 |
| 편의점에서도 팔아요. | コンビニでも売っています |

| …에 | …に〔時、場所〕 |

| 주말에 친구를 만나요. | 週末に友達に会います。 |
| 지금 서울에 있어요. | 今ソウルにいます。 |

| …에게 / …한테 | …に〔人、動物〕 | 会話体 |

엄마에게 이야기했어요.	母さんに話しました。
친구한테 전화했어요.	友達に電話しました。
고양이한테 우유를 줘요.	猫に牛乳をやります。
꽃에 물을 줘요.	花に水をやります。

| …에서 | …で；…から〔場所の起点〕 |

점심은 식당에서 먹어요. 　　　　　昼食は食堂で食べます。
역에서 멀어요? 　　　　　　　　　駅から遠いですか。

| …부터 | …から〔時の起点〕 |

시험은 언제부터예요? 　　　　　　試験はいつからですか。
21일부터 여름 방학이에요. 　　　　21日から夏休みです。

| …까지 | …まで〔時、場所〕 |

2시까지 기다렸어요. 　　　　　　　2時まで待ちました。
부산까지 3시간 걸려요. 　　　　　　釜山まで3時間かかります。

| …(으)로 | …へ〔方向〕；…で〔手段・方法〕 |

어디로 가요? 시장으로 가요. 　　　どこへ行きますか。市場に行きます。
한글로 써 주세요. 　　　　　　　　ハングルで書いてください。

| …와/과 | …と |
| …하고 | 会話体 |

엄마와 같이 쇼핑을 해요. 　　　　　お母さんと一緒に買い物をします
한국과 미국에 가고 싶어요. 　　　　韓国とアメリカに行きたいです。
동생하고 자주 싸워요. 　　　　　　弟とよく喧嘩します。

| …의 | …の |

인생의 목표는 무엇입니까? 　　　　人生の目標は何ですか。
한국의 수도는 서울이에요. 　　　　韓国の首都はソウルです。

6 語基の用法のまとめ

(1) 第Ⅰ語基

～하-고	～して、～するし、～であり	順接

동생도 있고 오빠도 있어요.　　　妹も兄もいます。
이를 닦고 자요.　　　歯を磨いて寝ます。

～하-지만	～するが、～だが	逆接

동생은 없지만 언니는 있어요.　　　弟はいませんが姉はいます。
날씨는 좋지만 바람이 세요.　　　天気は良いですが風が強いです。

～하-지	長形否定・長形不能で

사람이 많지 않았어요.　　　人が多くありませんでした。
이 한자는 읽지 못해요.　　　この漢字は読めません。

～하-죠	～しますよ（ね）	確言形

그건 너무 작죠.　　　それは小さすぎますよ。
이 김치 맛있죠?　　　このキムチ美味しいでしょう。

～하-겠	意志・推量語幹

내일은 날씨가 좋겠습니다.　　　明日は天気が良いでしょう。
뭘 먹겠어요?　　　何を食べますか。
처음 뵙겠습니다.　　　お初にお目にかかります。

Ⅰ-ㅂ니다/까	합니다体平叙形／疑問形	母音語幹・ㄹ語幹
Ⅰ-습니다/까		子音語幹

보통 몇 시에 일어납니까?　　　普通、何時に起きますか。
학교는 집에서 멉니다.　　　学校は家から遠いです。
매일 아침에 신문을 읽습니다.　　　毎朝、新聞を読みます。

～하-게	～するように、～であるように	副詞形

맛있게 드세요.　　　美味しく召し上がってください。
애들은 사이 좋게 놀아요.　　　子供たちは仲よく遊んでいます。
한자로는 이렇게 써요.　　　漢字ではこのように書きます。

| ~하-네요 | ~しますねえ、~ですねえ | 詠嘆形 |

정말 잘 먹네요.   本当によく食べますねえ。
동생이 있어서 좋네요.   弟がいて良いですねえ。

(2) 第Ⅱ語基

| ~하²-면 | ~すれば、~すると、~したら | 条件・仮定形 |

날씨가 좋으면 기분도 좋아요.   天気が良いと気分も良いです。
약속이 없으면 같이 갑시다.   約束がなければ一緒に行きましょう。

| ~하²-니까 | ~するから、~だから | 原因・理由形 |

약속이 있으니까 안 돼요.   約束があるからだめです。
회사가 머니까 힘들어요.   会社が遠いから大変です。

| ~하²-시 | 尊敬語幹 |

어디에 사십니까?   どちらにお住まいですか。
사진 찍으셨어요?   写真お撮りになりましたか。
바쁘지 않으시면 같이 가시죠.   お忙しくなければ一緒に行きましょう。

| ~하²-십시오/-세요 | ~してください | 합니다体命令形（丁寧な命令形） |

이걸 받으십시오.   これをお受け取り下さい。
손을 씻으세요.   手を洗ってください。

| ~합²시다 | ~しましょう | 합니다体勧誘形 |

같이 읽읍시다.   一緒に読みましょう。
여기에 앉읍시다.   ここに座りましょう。

(3) 第Ⅲ語基

| ~해-요 | ~します、~です | 해요体 |

선물 많이 받아요.   プレゼントをたくさんもらいます。
친구는 키가 커요.   友達は背が高いです。
학교 앞에 편의점이 있어요.   学校の前にコンビニがあります。

●指定詞이다、아니다と尊敬語幹の해요体では特殊な形が使われる。

저 사람이 누구예요?	あの人は誰ですか。
내일부터 방학이에요.	明日から休みです。
이건 내 것이 아니에요.	これは私のものではありません。
안녕히 가세요.	さようなら。

| ~했 | ~した、~だった | 過去語幹 |

메일 받았죠?	メール受け取ったでしょう。
어제 몇 시에 잤어요?	昨日何時に寝ましたか。
비가 많이 왔습니다.	雨がたくさん降りました。

| ~해(서) | ~して | 副詞的用法 |

| 늦어서 미안합니다. | 遅れてすみません。 |
| 만나서 얘기합시다. | 会って話しましょう。 |

| ~해 주다 | ~してやる/くれる | 受益表現 |

| 여기서 기다려 주세요. | ここでお待ちください。 |
| 내가 가르쳐 줬어요. | 私が教えてあげました。 |

| ~해 보다 | ~してみる | 試行表現 |

| 이것도 입어 보세요. | これも着てみてください。 |
| 엄마한테 말해 봤어요. | 母さんに話してみました。 |

7 韓日単語帳

ㄱ

가게 …………………………… 店
가까이 ………………………… 近く
　학교 가까이에 …… 学校の近くに
가다 …………………………… 行く
　시골에 가다 ……… 田舎に行く
　한국으로 가다 …… 韓国へ行く
가르치다 …………………… 教える
　영어를 가르치다 … 英語を教える
가방 …………………………… カバン
가수【歌手】 ………………… 歌手
가운데 ……………… 中間、真ん中
가족【家族】 ………………… 家族
간호사【看護師】 …………… 看護師
갈아입다 …………………… 着替える
　옷을 갈아입다 … 服を着替える
감사하다【感謝-】 ……… 感謝する
강하다【強-】 ………………… 強い
같이 [가치] ………………… 一緒に
　친구와 같이 …… 友達と一緒に
개 ……………………………… 犬
개【箇】 ……………………… 個
　사과 한 개 ……… リンゴ1個
개나리 ……………………… レンギョウ
개다 ………………………… 晴れる
거기 …………………………… そこ
거의 [거이] ………………… ほとんど
　거의 없다 ……… ほとんどない
거짓말 [거진말] ……………… 嘘
건너 ………………………… 向こう
　길 건너에 …… 道の向こうに
건너다 ……………… 渡る、越える
　다리를 건너다 …… 橋を渡る
걱정 …………………………… 心配
건너편 …………………… 向こう側
건물【建物】 ………………… 建物
걸다 ………………………… かける
　전화를 걸다 …… 電話をかける
걸리다 …………… (時間が)かかる
것 …………………………… もの、こと
　내 것 …………… 私の/僕のもの
겨울 …………………………… 冬
결혼식【結婚式】 ………… 結婚式
결혼하다【結婚-】 ……… 結婚する
경치【景致】 ………………… 景色
곁 …………………………… そば

계시다 …………………… いらっしゃる
고등학교【高等学校】 …… 高等学校
고등학생【高等学生】 …… 高校生
고모【姑母】 …………… おば(父方)
고프다 … ひもじい、(腹が)すいている
고향【故郷】 ………………… 故郷
곧 ……………………………… すぐ
　곧 가겠습니다. すぐまいります。
공기【空気】 ………………… 空気
　공기가 나쁘다 …… 空気が悪い
공무원【公務員】 …………… 公務員
공부【工夫】 ………………… 勉強
공부하다【工夫-】 ……… 勉強する
괜찮다 …………… かまわない、大丈夫だ
교사【教師】 ………………… 教師
　영어 교사 ………… 英語教師
구경하다 ………………… 見物する
구두 …………………………… 靴
구월【九月】 ………………… 九月
그 …………………………… その；彼
그것 …………………………… それ
그다지 … それほど(～ない)、あまり(～ない)
　그다지 바쁘지 않다 … それほど忙しくない
그러면 ……… それならば、それでは
그렇게 ………… そのように、そう
그렇다 ……………………… そうだ
그리고 ……… そして、それから
그리다 ……………………… 描く
그림 …………………………… 絵
　그림을 그리다 …… 絵を描く
그저께 ………… おととい、一昨日
그쪽 ……………… そちら、そっち
근처【近処】 ………………… 近所
　우리 집 근처에 … うちの近所に
글씨 ………………………… 字、文字
금요일【金曜日】 …………… 金曜日
기다리다 …………………… 待つ
기분【気分】 ………………… 気分
　기분이 좋다 ……… 気分が良い
기쁘다 ……………………… 嬉しい
길 ……………………………… 道
　길이 막히다 … 道が混む/渋滞する
길다 ………………………… 長い
김밥 ……………………… のり巻き
김장 … キムジャン〔冬場のキムチの漬け込み〕
　김장을 담그다 … キムチを漬けこむ
김치 ………………………… キムチ

　김치를 담그다 ‥ キムチを漬ける
꽃 ……………………………… 花
　꽃이 피다 ………… 花が咲く
꿈 ……………………………… 夢
끝 ………………………… 終わり、端、先
끝나다 [끈나다] …………… 終わる
　회의가 끝나다 …… 会議が終わる
끝내다 [끈내다] …………… 終える

ㄴ

나 …………………………… 私、僕
나가다 ……… 出て行く、出かける
　밖으로 나가다 ……… 外へ出る
나누다 ……………………… 分ける
나다 ……………………… 出る、生じる
　사고가 나다 …… 事故が起きる
나쁘다 ……………………… 悪い
나오다 …………… 出て来る、出る
나주【羅州】 …… 羅州〔韓国の地名〕
난 ……………… 私は〈나는
날씨 …………………… 天気、陽気
　날씨가 좋다 ……… 天気がいい
　날씨가 춥다 …………… 寒い
남동생【男同生】 ……………… 弟
남자【男子】 ………………… 男、男性
남편【男便】 ………………… 夫
내 ……………………… 私の、僕の
내다 ………………………… 出す
내일【来日】 ………………… 明日
냉면【冷麺】 ………………… 冷麺
너무 …………… あまりにも、…すぎる
　너무 비싸다 ……… 高すぎる
넷/네 ……………………… 四つ(の)
노래 …………………………… 歌
　노래를 하다/부르다 … 歌を歌う
노트북 ……………… ノートパソコン
놀다 ………………………… 遊ぶ
농담【弄談】 ………………… 冗談
놓치다 ………… 逃す、乗り遅れる
　버스를 놓치다 … バスに乗り遅れる
누구 …………………………… 誰
　누구를 …………………… 誰を
　누구에게 ………………… 誰に
　누가 ……………………… 誰が
누나 ……………… 姉(弟から見て)
눈 ……………………………… 雪
　눈이 오다/내리다 … 雪が降る

느끼다	感じる
늦다	遅れる、遅い
늦어서 미안해요.	遅れてすみません。

ㄷ

다	みな、すっかり
다 같이	みんな一緒に
다니다	通う
학교에 다니다	学校に通う
다섯	五つ(の)
다음	次(の)
다음에	次に/今度は
다음달 [다음딸]	来月
다행이다 【多幸-】	幸いだ、ラッキーだ
닦다	磨く
이를/구두를 닦다	歯を/靴を磨く
닫다	閉める
문을 닫다	ドアを閉める
달	月
달다	甘い
담그다	漬ける
김치를 담그다	キムチを漬ける
대단히	大変、とても
대단히 감사합니다.	
	どうもありがとうございます。
대표 【代表】	代表
대학 【大学】	大学
대학생 【大学生】	大学生
덕분에 【徳分-】	おかげで、お陰様で
덕분에 잘 지내요.	
	お陰様で元気でおります。
도서관 【図書館】	図書館
도착하다 【到着-】	到着する
독서 【読書】	読書
돈	(お)金
동생 【同生】	弟、妹
되다	なる、十分だ
됐어요.	結構です/十分です。
두다	置く
둘/두	二つ(の)
뒤	後、裏
은행 뒤에	銀行の裏に
드라마	ドラマ
한국 드라마를 좋아하다	
	韓国ドラマが好きだ
드시다	召し上がる
들	…たち、…ら
들르다	立ち寄る
등산 【登山】	登山、山登り
등산을 가다	登山に行く
디카	デジカメ
따르다	従う
딱	ちょうど、ぴったり
딱 40,000원	40000ウォンちょうど
딸	娘
때	とき
그 때	そのとき/あのとき
장마 때	梅雨時
방학 때	休みのときに
초등학생 때	小学生のとき
중학교 때	中学校のころ
떡볶이	トッポッキ
뜨다	浮かぶ

ㄹ

라면	ラーメン

ㅁ

마시다	飲む
마중	出迎え
마중을 나오다	迎えに来る
막히다 [마키다]	塞がる、混む
길이 막히다	道が混む/渋滞する
만	だけ
만 【万】	万
만나다	会う
친구를 만나다	友達に会う
만들다	作る
많다 [만타]	多い
많이 [마니]	たくさん、ずいぶん
많이 연습하다	ずいぶん練習する
말씀하시다	おっしゃる
말하다	言う、話す
친구한테 말하다	友達に言う
맛	味
맛이 좋다	味が良い
맛을 보다	味を見る、味見する
맛보다	味わう
맛없다 [마덥따]	不味い
맛있게 [마싣께]	美味しくく맛있다
맛있다 [마싣따]	美味しい
맞다	合う、合っている
맞은편	向かい(側)
은행 맞은편에	銀行の向かい側に
맡기다	まかせる、預ける
매일 【毎日】	毎日
매일 아침에	毎朝
머리	頭、髪
머리가 길다	髪が長い
먹다	食べる
잘 먹겠습니다.	
	いただきます/ごちそうになります。
멀다	遠い
멋있다 [머싣따]	素敵だ
메일	メール
메일을 보내다	メールを送る
며칠	何日
몇	いくつの[数・数字を問う言葉]
몇월 [며뒬]	何月
모르다	分からない、知らない
잘 모르겠습니다.	よく存じません。
모으다	集める、貯める
돈을 모으다	お金を貯める
모이다	集まる
모자라다	足りない
돈이 모자라다	金が足りない
목요일 【木曜日】	木曜日
못	～できない
못 먹다	食べられない
못하다 [모타다]	
	～できない[～하지 못하다の形で]
먹지 못하다	食べられない
무리 【無理】	無理
무슨	なんの、どういう
무슨 스포츠를 좋아해요?	
	どういうスポーツが好きですか。
무엇	何
문제 【問題】	問題
물	水
물론 【勿論】	もちろん
뭐	何<무엇
뭘	何を<무엇을
미국 【美国】	アメリカ、米国
미역국	ワカメスープ
믿다	信じる
밀리다	混む
밑	下、底

ㅂ

바꾸다	取り替える、交換する
돈을 바꾸다	両替する
바람	風
바람이 강하다/세다	風が強い
바쁘다	忙しい
밖	外
밖으로 나가다	外へ出る
반 【半】	半

다섯 시 반 ················ 5時半
반갑다 ··· (会えて)嬉しい、懐かしい
반장【班長】················ 級長
받다 ············· 受け取る、もらう
발음【発音】················ 発音
　발음이 좋다 ········ 発音が良い
밥 ···························· ご飯
　밥을 짓다 ·········· ご飯を炊く
방【房】····················· 部屋
방금【方今】···· たった今、今しがた
　방금 왔어요. ···今来たばかりです。
배 ······················ 腹、お腹
배고프다 ········· 腹がすいている
배우【俳優】················ 俳優
배우다 ····················· 習う
　한국어를 배우다 · 韓国語を習う
버리다 ···················· 捨てる
버스 ······················· バス
　버스를 타다 ······· バスに乗る
번【番】······················ 番
　35번 버스 ········· 35番のバス
번호【番号】················ 番号
베다 ······················· 切る
별로【別-】······ 特に、別に、あまり
　별로 예정이 없다 ·· 特に予定がない
　별로 기쁘지 않다 ·· あまり嬉しくない
보내다 ···················· 送る
　한국으로 보내다 ··· 韓国へ送る
보다 ······················· 見る
보다 ··· (〜して)みる〔〜해 보다의 형으로〕
　이 옷을 입어 보세요.
　　········ この服を着てみてください。
보이다 ············· 見える；見せる
　잘 안 보이다 ······· よく見えない
　그걸 보여 주세요.
　　········ それを見せてください。
보통【普通】··········· 普通、大抵
　보통 사람 ············ 普通の人
　보통 여섯 시에 일어나요.
　　············ 大抵6時に起きます。
봄 ··························· 春
뵙다 ················ お目にかかる
　처음 뵙겠습니다.
　　········ お初にお目にかかります。
부모님【父母-】··········· ご両親
부산【釜山】················ 釜山
부자【富者】·············· 金持ち
분【分】······················ 分
　삼십 분 ················ 30分

불다 ················· (風が)吹く
　바람이 불다 ··········· 風が吹く
비 ··························· 雨
　비가 많이 오다 ·· 雨がたくさん降る
비싸다 ············· (値段が)高い
　값이 비싸다 ········· 値段が高い
비행기【飛行機】············ 飛行機
　비행기로 가다 ···· 飛行機で行く
　비행기를 타다 ···· 飛行機に乗る
빵 ·························· パン

ㅅ

사고【事故】················ 事故
　사고가 나다 ······· 事故が起きる
사다 ······················· 買う
사람 ························ 人
사랑하다 ··········· 愛する、好きだ
사실【事実】················ 事実
사월【四月】················ 四月
사이 ····················· 間、仲
　사이가 좋다 ·········· 仲が良い
　우리 사이에 ······· 私たちの間に
사일【四日】················ 四日
사전【辞典】··········· 辞書、辞典
사진【写真】················ 写真
　사진을 찍다 ········ 写真を撮る
사촌【四寸】··············· いとこ
산책【散策】················ 散歩
산책하다【散策-】········ 散歩する
살다 ················· 住む、暮らす
삼계탕【蔘鷄湯】····· サムゲッタン
삼월【三月】················ 三月
삼일【三日】················ 三日
생일【生日】··············· 誕生日
서다 ················ 立つ、止まる
서울 ········ ソウル〔韓国の首都〕
서점【書店】··········· 書店、本屋
선물【膳物】··· 贈物、プレゼント、土産
　생일 선물 ········ 誕生日の贈物
　선물을 받다 ··· プレゼントをもらう
선배【先輩】················ 先輩
선수【選手】················ 選手
설명서【説明書】············ 説明書
설명하다【説明-】········ 説明する
설악산【雪岳山】············ 雪岳山
세다 ······················· 強い
세다 ····················· 数える
세수하다【洗手-】········ 顔を洗う
세탁【洗濯】················ 洗濯

세탁하다【洗濯-】········ 洗濯する
셋/세 ··················· 三つ(の)
소식【消息】········· 知らせ、便り
소풍【消風】················ 遠足
속 ············ 中〔閉じられた空間〕
　가방 속에 있다 ··· カバンの中にある
손녀【孫女】··············· 孫娘
손자【孫子】················ 孫
쇼핑하다 ············· 買い物する
수업【授業】················ 授業
수영【水泳】················ 水泳
수요일【水曜日】··········· 水曜日
수첩【手帖】················ 手帳
숙제【宿題】················ 宿題
　숙제를 하다 ······· 宿題をする
술 ·························· 酒
쉬다 ······················ 休む
스물/스무 ·············· 二十(の)
스승의 날 ············ 先生の日
스포츠 ·················· スポーツ
슬프다 ···················· 悲しい
시【時】······················ 時
시간【時間】············ 時間、暇
　한 시간 ··············· 1時間
　시간이 없다 ······ 時間/暇がない
시계【時計】················ 時計
시골 ······················ 田舎
시내【市内】················ 市内
시원하다 ········ 爽やかだ、清々しい
시월【十月】················ 十月
시키다 ··················· 注文する
시험【試験】················ 試験
　시험 잘 보다 ···試験がよくできる
식당【食堂】················ 食堂
식사하다【食事-】········ 食事する
신문【新聞】················ 新聞
　신문을 읽다 ······· 新聞を読む
　신문을 보다 ······· 新聞を見る
싫어하다 [시러하다] ··· 嫌う、嫌いだ
　공부를 싫어하다 ·· 勉強が嫌いだ
십이월【十二月】··········· 十二月
십이일【十二日】··········· 十二日
십일【十日】················ 十日
십일월【十一月】··········· 十一月
십일일【十一日】··········· 十一日
싶다 ···〜したい〔〜하고 싶다의 형으로〕
　김밥을 먹고 싶다
　　············ のり巻きを食べたい
싸게 ··············· 安く＜싸다

싸게 사다	安く買う
싸다	(値段が)安い
값이 싸다	値段が安い
싸우다	喧嘩する、争う
자주 싸우다	よく喧嘩する
쏘다	撃つ
쓰다	書く
편지를 쓰다	手紙を書く
쓰다	使う

ㅇ

아기	赤ん坊、赤ちゃん
아기가 울다	赤ん坊が泣く
아까	さっき
아내	妻
아뇨	いいえ
아니다	…ではない
오빠가 아니다	兄ではない
동생이 아니다	弟ではない
아들	息子
아래	下
아버지	父
아이	子供
아주	とても、非常に
아침	朝; 朝ご飯
아침에 신문을 읽다	朝新聞を読む
아침 몇 시에	朝何時に
아침을 먹다	朝ご飯を食べる
아프다	痛い
머리가 아프다	頭が痛い
아홉	九つ(の)
안	～しない
안 좋다	よくない
공부 안 하다	勉強しない
안	中〔範囲〕
버스 안에서	バスの中で
안경【眼鏡】	眼鏡
안내하다【案内-】	案内する
시내를 안내하다	市内を案内する
안녕하다【安寧-】	無事だ、元気だ、息災だ
안녕하십니까?	今日は/お早うございます
안녕히【安寧-】	無事に、息災に
안녕히 가세요.	さようなら。
안녕히 주무세요.	お休みなさい。
앉다 [안따]	座る
여기에 앉으세요.	ここにお座りください。
않다	～しない〔～지 않다の形で〕
먹지 않다	食べない
알다	分かる、知る、知っている
잘 알다	よく知っている
알겠습니다.	かしこまりました/承知しました。
앞	前
학교 앞에	学校の前に
앞으로	これから、今後
앞자리	前の席
애	子ども<아이
그 애	その子
약【薬】	薬
약을 먹다	薬を飲む
약도【略図】	略図
약속【約束】	約束
약속이 있다	約束がある
얘기하다	話す<이야기하다
어느	どの
어느 것	どれ
어느 쪽	どちら、どっち
어디	どこ
어떻게	どのように、どう、どうやって
어떻다	どうだ
어렵다	難しい
어린이	子供
어린이 날	子供の日
어머니	母
어서	さあ、どうぞ
어서 오세요.	いらっしゃいませ。
어울리다	似合う
잘 어울리다	よく似合う
어제	昨日
언니	姉(妹から見て)
언제	いつ
얼마	どれだけ、いくら
얼마나	どれだけ、どれくらい
엄마	母さん、ママ
엄청	ひどく、すごく
없다 [업따]	ない、いない
엔	円
여기	ここ
여덟 [여덜]	八つ(の)
여동생【女同生】	妹
여러분	皆さん
여섯	六つ(の)
여자【女子】	女、女性
여전히【如前-】	相変わらず
여행【旅行】	旅行
여행을 가다	旅行に行く
역【駅】	駅
역사【歴史】	歴史
연습하다【練習-】	練習する
열	十(の)
열 넷/네	十四(の)
열 다섯	十五(の)
열 둘/두	十二(の)
열 셋/세	十三(の)
열 하나/한	十一(の)
열다	開ける
문을 열다	ドアを開ける
열심히 [열씸히]【熱心-】	熱心に、一所懸命
열심히 공부하다	一所懸命に勉強する
영어【英語】	英語
영업하다【営業-】	営業する
영화【映画】	映画
한국 영화	韓国映画
영화를 보다	映画を見る
옆	横
편의점 옆에	コンビニの横に
예쁘다	きれいだ、可愛い
예약하다【予約-】	予約する
방을 예약하다	部屋を予約する
예정【予定】	予定
오늘	今日
오다	来る;(雨・雪が)降る
비가/눈이 오다	雨/雪が降る
오래	長い間、長らく
오래 기다리다	長く待つ
오빠	兄(妹から見て)
오월【五月】	五月
오일【五日】	五日
오후【午後】	午後
오후에	午後に
올	今年の
올 겨울	今年の冬
올해	今年
옷	服
옷을 입다	服を着る
옷을 갈아입다	服を着替える
왜	なぜ、どうして
외삼촌【外三寸】	おじ(母方)
요리【料理】	料理
요즘	この頃、最近
우등생【優等生】	優等生
우리	私達、我々
우유【牛乳】	牛乳
운동【運動】	運動
운동화【運動靴】	運動靴、スニーカー

울다	泣く
웃다	笑う
원	ウォン〔韓国の貨幣単位〕
월요일【月曜日】	月曜日
위	上
책상 위에	机の上に
유감이다【遺憾-】	遺憾だ、残念だ
유월【六月】	六月
유치원【幼稚園】	幼稚園
유학【留学】	留学
유학을 가다	留学に行く
육일【六日】	六日
은행【銀行】	銀行
음식【飲食】	食べ物
음악【音楽】	音楽
음악을 듣다	音楽を聴く
이	この
이	歯
이를 닦다	歯を磨く
이것	これ
이기다	勝つ
이다	…である
이렇다	こうだ
이렇게	このように、こう
이름	名前
이모【姨母】	おば(母方)
이사오다【移徙-】	引っ越してくる
이야기하다	話す
이월【二月】	二月
이일【二日】	二日
이쪽	こちら、こっち
이쪽으로 오세요.	こちらへどうぞ。
인상【印象】	印象
이태원【梨泰院】	梨泰院〔ソウルの商業地域〕
일	こと
그 일	そのこと
일	仕事
일이 바쁘다	仕事が忙しい
일곱	七つ(の)
일본【日本】	日本
일본 사람【日本-】	日本人
일어나다	起きる
일찍 일어나다	早く起きる
몇 시에 일어나요?	何時に起きますか。
일요일【日曜日】	日曜日
일월【一月】	一月
일일【一日】	一日
일찍	早く
아침 일찍 일어나다	朝早く起きる
읽다 [익따]	読む
입다	着る
있다	ある、いる

ㅈ

자다	寝る
자동차【自動車】	自動車
자장면	チャジャン麺
자전거【自転車】	自転車
자전거로	自転車で
자전거를 타다	自転車に乗る
자주	よく、しょっちゅう
작년 [장년]【昨年】	昨年、去年
작다	小さい、(背が)低い
구두가 좀 작다	靴がちょっと小さい
키가 작다	背が低い
작은아버지	おじ(父の弟)
잘되다	うまく行く
일이 잘되다	仕事がうまく行く
잘하다	上手だ、得意だ
공부를 잘하다	勉強がよくできる
운동을 잘하다	運動が得意だ
잠깐	しばらく
잠깐만요.	…しばらくお待ちください/ちょっと失礼します。
잠시【暫時】	しばらく
잠시만 기다리세요.	しばらくお待ちください。
잡다	つかむ、捕える
잡수시다	召し上がる
장갑【掌匣】	手袋
장난	いたずら
장마	梅雨
장마 때	梅雨時
재다	測る
재미있게	面白く<재미있다
재미있다	面白い
저	わたくし、私〔謙譲語〕
저	あの
저것	あれ
저기	あそこ
저기요	あのう、すみません〔呼びかけの言葉〕
저녁	夕方、夕食
저녁에	夕方に
저녁을 먹다	夕食を食べる
저렇게	あのように、ああ
저렇다	ああだ
저쪽	あちら、あっち
저희(들)	わたくしども〔謙譲語〕
적다	少ない
전화【電話】	電話
전화를 걸다	電話をかける
전화를 받다	電話を取る/電話に出る
전화를 끊다	電話を切る
전화번호【電話番号】	電話番号
전화하다【電話-】	電話する
점심【点心】	昼ご飯
점심을 먹다	昼ご飯を食べる
정도【程度】	程度、ぐらい
정말【正-】	本当、本当に
제	私の
제일【第一】	第一、一番
제일 맛있다	一番美味しい
조용하다	静かだ
조카	甥、姪
좀	ちょっと
좁다	狭い
방이 좁다	部屋が狭い
좋다	良い
좋아하다	好きだ、好む
노래를 좋아하다	歌が好きだ
죄송하다【罪悚-】	申し訳ない
죄송합니다.	…申し訳ありません/恐れ入ります。
주다	与える、やる、くれる
주다	~してやる/くれる〔-해 주다の形で〕
전화 받아 주세요.	…電話出てください。
내가 가르쳐 줘요.	…僕が教えてあげます。
주말【週末】	週末
주무시다	お休みになる
안녕히 주무세요.	お休みなさい。
주문【注文】	注文
주문을 받다	注文を取る/受ける
주변【周辺】	周辺、周囲
주소【住所】	住所
주차장【駐車場】	駐車場
준비【準備】	準備
준비가 되다	準備ができる
중국【中国】	中国
중국말 [중궁말]【中国-】	中国語
중국어【中国語】	中国語
중요하다【重要-】	重要だ
중학생【中学生】	中学生
즐겁게	楽しく
즐겁게 놀다	楽しく遊ぶ

ㅈ (continued)

지금【只今】	今
지난주【-週】	先週
지내다	過ごす
지하철【地下鉄】	地下鉄
직업【職業】	職業
진짜	本物
집	家
집사람	家内
짜다	塩辛い
쯤	頃、くらい
다섯 시쯤	5時ごろ
찍다	(写真を)撮る
사진을 찍다	写真を撮る

ㅊ

착하다	いい子だ、善良だ
찬성하다【賛成-】	賛成する
창문【窓門】	窓
창문을 열다	窓を開ける
책【冊】	本
책을 읽다	本を読む
처음	初めて
처음 뵙겠습니다.	お初にお目にかかります。
천【千】	千
천재【天才】	天才
청바지【青-】	ジーンズ
청소【清掃】	掃除
초【秒】	秒
추석【秋夕】	お盆
축구【蹴球】	サッカー
축하하다【祝賀-】	祝賀する、祝う
결혼 축하합니다.	結婚おめでとうございます。
출발하다【出発-】	出発する
출장[출짱]【出張】	出張
출장을 가다	出張に行く
춥다	寒い
날씨가 춥다	寒い
취미【趣味】	趣味
치마	チマ、スカート
치우다	片づける
치킨	チキン
친구【親旧】	友達、友人
친절하다【親切-】	親切だ
친척【親戚】	親戚
칠월【七月】	七月
칠일【七日】	七日

ㅋ

카페	喫茶店
커피	コーヒー
커피를 마시다	コーヒーを飲む
케이크	ケーキ
케이티엑스(KTX)	韓国高速鉄道
켜다	(灯を)つける、点す
불을 켜다	灯をつける
켤레	足、組〔対になったものを数える助数詞〕
운동화 한 켤레	スニーカー1足
장갑 한 켤레	手袋1組
크게	大きく<크다
크게 쓰다	大きく書く
크다	大きい、(背が)高い
큰아버지	おじ(父の兄)
키	背丈
키가 크다	背が高い
키가 작다	背が低い

ㅌ

타다	乗る
택시를 타다	タクシーに乗る
택시	タクシー
텔레비전	テレビ
텔레비전을 보다	テレビを見る
토요일【土曜日】	土曜日

ㅍ

파티	パーティー
팔다	売る
팔월【八月】	八月
팔일【八日】	八日
팬	ファン
누구 팬이에요?	誰のファンですか。
펴다	(本などを)開く
책을 펴다	本を開く
편의점【便宜店】	コンビニ
편지【便紙/片紙】	手紙
편지를 쓰다	手紙を書く
편하다【便-】	楽だ
피다	(花が)咲く
꽃이 피었어요.	花が咲きました。
피아노	ピアノ

ㅎ

하나/한	一つ(の)
하다	する
하지만	だけど、しかし
학교【学校】	学校
학교에 다니다	学校に通う
학생【学生】	学生、生徒
학원【学院】	塾
영어 학원에 다니다	英語塾に通う
한국【韓国】	韓国
한국 사람【韓国-】	韓国人
한국말[한궁말]【韓国-】	韓国語
한국어【韓国語】	韓国語
한번	一度
한번 보고 싶다	一度見たい
한자[한짜]【漢字】	漢字
한자로 쓰다	漢字で書く
한잔	(酒)一杯
한잔 하다	一杯やる/飲む
할머니	祖母、おばあさん
할아버지	祖父、おじいさん
핸드폰	携帯(電話)
행복하다【幸福-】	幸福だ、幸せだ
형【兄】	兄(弟から見て)
혹시【或是】	ひょっとして
혼자	独り
화요일【火曜日】	火曜日
화장실【化粧室】	トイレ
회사【会社】	会社
회사원【会社員】	会社員
후배【後輩】	後輩
희다	白い
힘들다	大変だ、厄介だ、難儀だ
일이 힘들다	仕事が大変だ

8 日韓単語帳

あ

ああだ ……………… 저렇다
相変わらず ……… 여전히【如前-】
　相変わらず忙しい‥ 여전히 바쁘다
愛する …………… 사랑하다
間 ………………………… 사이
　私たちの間に ……… 우리 사이에
会う …………………… 만나다
　友達に会う …… 친구를 만나다
合う ……………………… 맞다
赤ん坊 …………………… 아기
　赤ん坊が泣く ……… 아기가 울다
開ける …………………… 열다
　ドアを開ける ………… 문을 열다
朝 ………………………… 아침
　朝新聞を読む‥ 아침에 신문을 읽다
　朝何時に ……… 아침 몇 시에
朝ご飯 …………………… 아침
　朝ご飯を食べる …… 아침을 먹다
味 ………………………… 맛
　味が良い ……………… 맛이 좋다
　味を見る/味見する …… 맛을 보다
味わう …………………… 맛보다
明日 ………………… 내일【来日】
預ける …………………… 맡기다
あそこ …………………… 저기
遊ぶ ……………………… 놀다
与える …………………… 주다
頭 ………………………… 머리
　頭が痛い ……… 머리가 아프다
あちら …………………… 저쪽
あっち …………………… 저쪽
合っている ……………… 맞다
集まる …………………… 모이다
集める …………………… 모으다
兄 …… 형【兄】(弟から)、오빠(妹から)
姉 … 누나(弟から)、언니(妹から)
あの ……………………… 저
あのう ………… 저기요(呼びかけ)
あのように …………… 저렇게
甘い ……………………… 달다
あまり(〜ない) … 그다지、별로【別-】
　あまり多くない …… 별로 많지 않다
雨 ………………………… 비
　雨がたくさん降る‥ 비가 많이 오다
アメリカ ………… 미국【美国】

争う …………………… 싸우다
ある ……………………… 있다
あれ ……………………… 저것
案内する ……… 안내하다【案内-】
　市内を案内する‥ 시내를 안내하다
いいえ …………………… 아뇨
いい子だ ………………… 착하다
言う …………………… 말하다
　友達に言う …… 친구한테 말하다
家 ………………………… 집
　家で休む ……… 집에서 쉬다
　家から遠い ……… 집에서 멀다
遺憾だ ………… 유감이다【遺憾-】
行く ……………………… 가다
　韓国に/へ行く‥ 한국에/으로 가다
いくつの ………………… 몇
いくら …………………… 얼마
　これいくらですか。‥ 이거 얼마예요?
忙しい …………………… 바쁘다
痛い ……………………… 아프다
　頭が痛い ……… 머리가 아프다
いたずら ………………… 장난
一月 ……………… 일월【一月】
一度 …………………… 한번
　一度見たい ……… 한번 보고 싶다
一番 ……………… 제일【第一】
　一番美味しい ……… 제일 맛있다
いつ ……………………… 언제
　誕生日はいつですか。
　…………… 생일이 언제예요?
五日 ……………… 오일【五日】
一所懸命 ……… 열심히【熱心-】
　一所懸命に勉強する‥ 열심히 공부하다
一緒に …………………… 같이
　友達と一緒に ……… 친구와 같이
五つ(の) ………………… 다섯
一杯 ……………… 한잔(酒)
　一杯やりましょう。‥ 한잔 합시다.
いとこ …………… 사촌【四寸】
いない …………………… 없다
　人がいない ……… 사람이 없다
　友達がいない ……… 친구가 없다
田舎 ……………………… 시골
犬 ………………………… 개
今 ………………… 지금【只今】
今しがた ………… 방금【方今】
妹 …………… (여)동생【(女)同生】

いらっしゃる ………… 계시다
いる ……………………… 있다
祝う …………… 축하하다【祝賀-】
印象 ……………… 인상【印象】
上 ………………………… 위
　机の上に ……… 책상 위에
ウォン …………………… 원
浮かぶ …………………… 뜨다
受け取る ………………… 받다
後(うしろ) ……………… 뒤
嘘 …………………… 거짓말
歌 ………………………… 노래
　歌を歌う … 노래를 하다/부르다
撃つ ……………………… 쏘다
うまく行く ……………… 잘되다
　仕事がうまく行く …… 일이 잘되다
裏 ………………………… 뒤
　銀行の裏に ……… 은행 뒤에
売る ……………………… 팔다
嬉しい ‥ 기쁘다、(会えて)반갑다
運動 ……………… 운동【運動】
運動靴 ………… 운동화【運動靴】
絵 ………………………… 그림
映画 ……………… 영화【映画】
　韓国映画 ……………… 한국 영화
　映画を見る ……… 영화를 보다
営業する ……… 영업하다【営業-】
英語 ……………… 영어【英語】
描く ……………………… 그리다
　絵を描く ……… 그림을 그리다
駅 ………………… 역【駅】
円 ………………………… 엔
遠足 ……………… 소풍【消風】
甥 ………………………… 조카
美味しい ………………… 맛있다
美味しく ………………… 맛있게
終える …………………… 끝내다
多い ……………………… 많다
大きい …………………… 크다
大きく …………………… 크게
　大きく書く ……… 크게 쓰다
お陰(様)で ……… 덕분에【徳分-】
　お陰様で元気でおります。
　…………… 덕분에 잘 지내요.
起きる ………………… 일어나다
　早く起きる ……… 일찍 일어나다
　何時に起きますか。

…………	몇 시에 일어나요?
置く …………	두다
贈物 …………	선물【膳物】
送る …………	보내다
韓国へ送る ……	한국으로 보내다
遅れる …………	늦다
遅れてすみません。	
…………	늦어서 미안해요.
おじ ……	외삼촌【外三寸】(母方)、 큰아버지(父の兄)、작은아버지(父の弟)
おじいさん …………	할아버지
教える …………	가르치다
英語を教える ……	영어를 가르치다
遅い …………	늦다
おっしゃる …………	말씀하시다
夫 …………	남편【男便】
弟 …………	(남)동생【(男)同生】
男 …………	남자【男子】
おととい …………	그저께
お腹 …………	배
おば ……	고모【姑母】(父方)、이모【姨母】(母方)
おばあさん …………	할머니
お盆 …………	추석【秋夕】
お目にかかる …………	뵙다
お初にお目にかかります。	
…………	처음 뵙겠습니다.
面白い …………	재미있다
面白く …………	재미있게
お休みになる …………	주무시다
終わり …………	끝
終わる …………	끝나다
会議が終わる ……	회의가 끝나다
音楽 …………	음악【音楽】
音楽を聴く ……	음악을 듣다
女 …………	여자【女子】

か

母さん …………	엄마
会社 …………	회사【会社】
会社員 …………	회사원【会社員】
買い物する …………	쇼핑하다
買う …………	사다
顔を洗う …………	세수하다【洗手-】
かかる(時間が) …………	걸리다
書く …………	쓰다
手紙を書く ……	편지를 쓰다
学生 …………	학생【学生】
かける …………	걸다
電話をかける ……	전화를 걸다
歌手 …………	가수【歌手】
歌手になりたい ……	가수가 되고 싶다
風 …………	바람
風が強い ……	바람이 강하다/세다
数える …………	세다
家族 …………	가족【家族】
家族と一緒に ……	가족들과 같이
片づける …………	치우다
勝つ …………	이기다
学校 …………	학교【学校】
学校に通う ……	학교에 다니다
家内 …………	집사람
悲しい …………	슬프다
金 …………	돈
金持ち …………	부자【富者】
カバン …………	가방
カバンの中に ……	가방 속에
かまわない …………	괜찮다
髪 …………	머리
髪が長い ……	머리가 길다
通う …………	다니다
火曜日 …………	화요일【火曜日】
彼 …………	그, 그 사람
可愛い …………	예쁘다
韓国 …………	한국【韓国】
韓国語 ……	한국말【韓国-】、한국어【韓国語】
韓国人 …………	한국 사람【韓国-】
看護師 …………	간호사【看護師】
漢字 …………	한자【漢字】
漢字で書く ……	한자로 쓰다
感謝する …………	감사하다【感謝-】
感じる …………	느끼다
着替える …………	갈아입다
服を着替える ……	옷을 갈아입다
喫茶店 …………	카페
昨日 …………	어제
気分 …………	기분【気分】
気分が良い ……	기분이 좋다
キムジャン …………	김장
キムチ …………	김치
キムチを漬ける ……	김치를 담그다
級長 …………	반장【班長】
牛乳 …………	우유【牛乳】
今日 …………	오늘
教師 …………	교사【教師】
英語教師 ……	영어 교사
去年 …………	작년【昨年】
嫌いだ …………	싫어하다
勉強が嫌いだ ……	공부를 싫어하다
嫌う …………	싫어하다
切る …………	베다
着る …………	입다
服を着る ……	옷을 입다
きれいだ …………	예쁘다
銀行 …………	은행【銀行】
近所 …………	근처【近処】
うちの近所に ……	우리 집 근처에
金曜日 …………	금요일【金曜日】
空気 …………	공기【空気】
空気が悪い ……	공기가 나쁘다
九月 …………	구월【九月】
薬 …………	약【薬】
薬を飲む ……	약을 먹다
靴 …………	구두
靴を磨く ……	구두를 닦다
くらい …………	정도【程度】、쯤
30分くらい ……	30분쯤
暮らす …………	살다
来る …………	오다
くれる ……	주다、(〜してくれる)〜해 주다
これを下さい。……	이걸 주세요.
友達が教えてくれました。	
…………	친구가 가르쳐 주었어요.
携帯(電話) …………	핸드폰
KTX(韓国高速鉄道) ……	케이티엑스
ケーキ …………	케이크
景色 …………	경치【景致】
景色が良い ……	경치가 좋다
結構だ …………	되다
結構です。 ……	됐어요.
結婚式 …………	결혼식【結婚式】
結婚する …………	결혼하다【結婚-】
月曜日 …………	월요일【月曜日】
喧嘩する …………	싸우다
よく喧嘩する ……	자주 싸우다
元気だ ……	잘 지내다/잘 있다
見物する …………	구경하다
個 …………	개【箇】
リンゴ1個 …………	사과 한 개
こう …………	이렇게
交換する …………	바꾸다
高校生 …………	고등학생【高等学生】
こうだ …………	이렇다
高等学校 ……	고등학교【高等学校】

後輩	후배【後輩】
幸福だ	행복하다【幸福-】
公務員	공무원【公務員】
越える	건너다
川を越える	강을 건너다
コーヒー	커피
コーヒーを飲む	커피를 마시다
故郷	고향【故郷】
ここ	여기
午後	오후【午後】
午後に	오후에
九つ(の)	아홉
こちら	이쪽
こっち	이쪽
こと	일
そのこと	그 일
今年	올해
今年の	올
今年の冬	올겨울
子供	아이, 애, 어린이
その子供	그 아이/애
子供の日	어린이 날
この	이
この頃	요즘
好む	좋아하다
このように	이렇게
ご飯	밥
ご飯を炊く	밥을 짓다
混む	막히다, 밀리다
道が混む/渋滞する	
	길이 막히다
ご両親	부모님【父母-】
これ	이것
これから	앞으로
これから頑張ります。	
…앞으로 열심히 하겠습니다.	
頃	쯤
3時ごろに	세 시쯤에
今後	앞으로
今度(の)	다음
今度は	다음에는
今度の週末に	이번 주말에
コンビニ	편의점【便宜店】
五月	오월【五月】

さ

最近	요즘
幸いだ	다행이다【多幸-】
咲く(花が)	피다
花が咲きました。	꽃이 피었어요.
酒	술
酒を飲む	술을 마시다
サッカー	축구【蹴球】
さっき	아까
寒い	춥다
寒い	날씨가 춥다
サムゲタン	삼계탕【蔘鷄湯】
爽やかだ	시원하다
三月	삼월【三月】
賛成する	찬성하다【賛成-】
残念だ	유감이다【遺憾-】
散歩	산책【散策】
散歩する	산책하다【散策-】
字	글씨
時	시【時】
幸せだ	행복하다【幸福-】
ジーンズ	청바지【青-】
塩辛い	짜다
しかし	하지만
四月	사월【四月】
時間	시간【時間】
時間がない	시간이 없다
試験	시험【試験】
試験がよくできる	시험 잘 보다
事故	사고【事故】
事故が起きる	사고가 나다
仕事	일
仕事が忙しい	일이 바쁘다
事実	사실【事実】
辞書	사전【辞典】
静かだ	조용하다
下	밑, 아래
したい	～하고 싶다
一緒に行きたい	같이 가고 싶다
従う	따르다
七月	칠월【七月】
知っている	알다
よく知っている	잘 알다
辞典	사전【辞典】
自転車	자전거【自転車】
自転車で	자전거로
自転車に乗る	자전거를 타다
自動車	자동차【自動車】
市内	시내【市内】
しばらく	잠깐, 잠시【暫時】
しばらくお待ちください。	
…잠시만 기다리세요.	
閉める	닫다
ドアを閉める	문을 닫다
写真	사진【写真】
十(の)	열
十一(の)	열 하나/한
十一月	십일월【十一月】
十一日	십일일【十一日】
十月	시월【十月】
十五(の)	열 다섯
十三(の)	열 셋/세
十四(の)	열 넷/네
住所	주소【住所】
十二(の)	열 둘/두
十二月	십이월【十二月】
十二日	십이일【十二日】
十分だ	되다
十分です。	됐어요.
周辺	주변【周辺】
週末	주말【週末】
重要だ	중요하다【重要-】
授業	수업【授業】
塾	학원【学院】
英語塾に通う	영어 학원에 다니다
宿題	숙제【宿題】
宿題をする	숙제를 하다
出張	출장【出張】
出張に行く	출장을 가다
出発する	출발하다【出発-】
趣味	취미【趣味】
準備	준비【準備】
준비가 되다	準備ができる
上手だ	잘하다
韓国語が上手だ	한국말을 잘하다
冗談	농담【弄談】
職業	직업【職業】
食事する	식사하다【食事-】
食堂	식당【食堂】
女性	여자【女子】
しょっちゅう	자주
書店	서점【書店】
知らない	모르다
僕は知りません。	나는 모릅니다.
知る	알다
白い	희다
信じる	믿다
親戚	친척【親戚】
親切だ	친절하다【親切-】
新聞	신문【新聞】
新聞を読む	신문을 읽다
新聞を見る	신문을 보다

心配	걱정
水泳	수영【水泳】
すいている	고프다
腹がすいている	배가 고프다
ずいぶん	많이
ずいぶん練習する	많이 연습하다
水曜日	수요일【水曜日】
スカート	치마
スカートをはく	치마를 입다
清々しい	시원하다
好きだ	사랑하다、좋아하다
歌が好きだ	노래를 좋아하다
すぎる	너무
高すぎる	너무 비싸다
すぐ	곧
すぐまいります。	곧 가겠습니다.
少ない	적다
すごく	엄청
過ごす	지내다
元気に過ごす	잘 지내다
すっかり	다
素敵だ	멋있다
捨てる	버리다
スニーカー	운동화【運動靴】
スポーツ	스포츠
すみません	저기요【呼びかけ】
住む	살다
どこに住んでいますか。	어디에 살아요?
する	하다
座る	앉다
ここにお座りください。	
	여기에 앉으세요.
背(丈)	키
背が高い	키가 크다
背が低い	키가 작다
生徒	학생【学生】
説明書	설명서【説明書】
説明する	설명하다【説明-】
狭い	좁다
部屋が狭い	방이 좁다
千	천【千】
選手	선수【選手】
先週	지난주【-週】
先生の日	스승의 날
洗濯	세탁【洗濯】
洗濯する	세탁하다【洗濯-】
先輩	선배【先輩】
善良だ	착하다
そう	그렇게
掃除	청소【清掃】
そうだ	그렇다
ソウル	서울
足(そく)	켤레
スニーカー1足	운동화 한 켤레
そこ	거기
そして	그리고
そちら	그쪽
そっち	그쪽
外	밖
外へ出る	밖으로 나가다
その	그
そのように	그렇게
そば	곁
祖父	할아버지
祖母	할머니
雪岳山(ソラクサン)	설악산【雪岳山】
それ	그것
それから	그리고
それでは	그러면
それほど(〜ない)	그다지
それほど難しくない	
	그다지 어렵지 않다

た

第一	제일【第一】
大学	대학【大学】
大学生	대학생【大学生】
大丈夫だ	괜찮다
大抵	보통【普通】
大抵11時に寝ます。	
	보통 11시에 자요.
代表	대표【代表】
大変だ	힘들다
仕事が大変だ	일이 힘들다
高い(値段が)	비싸다
値段が高い	값이 비싸다
高い(背が)	크다
友達は背が高い	친구는 키가 크다
たくさん	많이
友達がたくさんいる	친구가 많이 있다
タクシー	택시
タクシーに乗る	택시를 타다
だけ	만
だけど	하지만
出す	내다
立ち寄る	들르다
立つ	서다
たった今	방금【方今】
たった今来ました。	방금 왔어요.
建物	건물【建物】
楽しく	즐겁게
楽しく遊ぶ	즐겁게 놀다
食べ物	음식【飲食】
食べる	먹다
貯める	모으다
お金を貯める	돈을 모으다
足りない	모자라다
金が足りない	돈이 모자라다
誰	누구
誰を	누구를
誰に	누구에게
誰が	누가
誕生日	생일【生日】
男性	남자【男子】
小さい	작다
靴がちょっと小さい	구두가 좀 작다
近く	가까이
近くにコンビニがある	
	가까이에 편의점이 있다
地下鉄	지하철【地下鉄】
チキン	치킨
父	아버지
チマ	치마
チャジャン麺	자장면
中学生	중학생【中学生】
中国	중국【中国】
中国語	중국말【中国-】、중국어【中国語】
駐車場	주차장【駐車場】
注文	주문【注文】
注文を取る/受ける	주문을 받다
注文する	시키다
ちょうど	딱
40000ウォンちょうど	딱 40,000원
ちょっと	좀
一日(ついたち)	일일【一日】
使う	쓰다
つかむ	잡다
月	달
次(の)	다음
次に	다음에
作る	만들다
漬ける	담그다
キムチを漬ける	김치를 담그다
つける(灯を)	켜다
灯をつける	불을 켜다
妻	아내
梅雨	장마

強い	강하다【強-】、세다
である	이다
程度	정도【程度】
2時間程度	두 시간 정도
出かける	나가다
手紙	편지【便紙/片紙】
手紙を書く	편지를 쓰다
できない	못、〜하지 못하다
食べることができない	
	못 먹다/먹지 못하다
できる	잘하다
勉強がよくできる	공부를 잘하다
デジカメ	디카
手帳	수첩【手帖】
出て行く	나가다
外へ出る	밖으로 나가다
出て来る	나오다
ではない	아니다
兄ではない	오빠가 아니다
弟ではない	동생이 아니다
手袋	장갑【掌匣】
出る	나다、나오다
テレビ	텔레비전
テレビを見る	텔레비전을 보다
天気	날씨
天気が良い	날씨가 좋다
天才	천재【天才】
電話	전화【電話】
電話をかける	전화를 걸다
電話を取る/電話に出る	전화를 받다
電話を切る	전화를 끊다
電話する	전화하다【電話-】
電話番号	전화번호【電話番号】
トイレ	화장실【化粧室】
どう	어떻게
どうしますか。	어떻게 해요?
どういう	무슨
どういうスポーツが好きですか。	
	무슨 스포츠를 좋아해요?
どうして	왜
どうだ	어떻다
到着する	도착하다【到着-】
どうやって	어떻게
学校までどうやって来ますか。	
	학교까지 어떻게 와요?
遠い	멀다
駅から遠い	역에서 멀다
十日	십일【十日】
とき	때
そのとき/あのとき	그 때
小学生のとき	초등학생 때
得意だ	잘하다
運動が得意だ	운동을 잘하다
読書	독서【読書】
特に(ない)	별로【別-】
特に予定がない	별로 예정이 없다
時計	시계【時計】
どこ	어디
登山	등산【登山】
登山に行く	등산을 가다
図書館	도서관【図書館】
トッポッキ	떡볶이
とても	아주、대단히
どの	어느
どの人	어느 사람
どのように	어떻게
どのように作りますか。	
	어떻게 만들어요?
止まる	서다
点す(灯を)	켜다
灯を点す	불을 켜다
友達	친구【親旧】
土曜日	토요일【土曜日】
捕える	잡다
ドラマ	드라마
韓国ドラマが好きだ	
	한국 드라마를 좋아하다
取り替える	바꾸다
撮る	(写真を)찍다
写真を撮る	사진을 찍다
どれくらい	얼마나
時間がどれくらいかかりますか。	
	시간이 얼마나 걸려요?
どれだけ	얼마

な

ない	없다; 안、〜하지 않다
授業がない	수업이 없다
忙しくない	안 바쁘다
食べない	먹지 않다
仲	사이
仲が良い	사이가 좋다
中	속〔閉じられた空間〕、안〔範囲〕
カバンの中にある	가방 속에 있다
バスの中で	버스 안에서
長い	길다
長い間	오래
長い間待つ	오래 기다리다
泣く	울다
なぜ	왜
懐かしい	반갑다
七つ(の)	일곱
何	무엇
七日	칠일【七日】
名前	이름
習う	배우다
韓国語を習う	한국어를 배우다
なる	되다
歌手になりたい	가수가 되고 싶다
何月	몇 월
難儀だ	힘들다
何日	며칠
何の	무슨
何の本ですか。	무슨 책이에요?
似合う	어울리다
兄さん	오빠(妹から見て)、형(弟から見て)
二月	이월【二月】
二十(の)	스물/스무
日曜日	일요일【日曜日】
日本	일본【日本】
日本人	일본 사람【日本-】
姉さん	언니(妹から見て)、누나(弟から見て)
熱心に	열심히【熱心-】
熱心に練習する	열심히 연습하다
寝る	자다
ノートパソコン	노트북
逃す	놓치다
飲む	마시다
乗り遅れる	놓치다
バスに乗り遅れる	버스를 놓치다
のり巻き	김밥
乗る	타다
タクシーに乗る	택시를 타다

は

歯	이
歯を磨く	이를 닦다
パーティー	파티
俳優	배우【俳優】
測る	재다
端	끝
初めて	처음
バス	버스
バスに乗る	버스를 타다
八月	팔월【八月】

発音	발음【発音】
発音が良い	발음이 좋다
花	꽃
花が咲く	꽃이 피다
話す	말하다, 얘기하다, 이야기하다
母	어머니
早く	일찍
朝早く起きる	아침 일찍 일어나다
腹	배
腹がすいている	배가 고프다
春	봄
晴れる	개다
半	반【半】
5時半	다섯 시 반
番	번【番】
35番のバス	35번 버스
パン	빵
番号	번호【番号】
ピアノ	피아노
低い(背が)	작다
背が低い	키가 작다
飛行機	비행기【飛行機】
飛行機で行く	비행기로 가다
飛行機に乗る	비행기를 타다
非常に	아주
ぴったり	딱
人	사람
一つ(の)	하나/한
ひどく	엄청
独り	혼자
暇	시간【時間】
暇がない	시간이 없다
ひもじい	고프다
秒	초【秒】
ひょっとして	혹시【或是】
開く(本などを)	펴다
教科書を開く	교과서를 펴다
昼ご飯	점심【点心】
昼ご飯を食べる	점심을 먹다
ファン	팬
吹く	불다
風が吹く	바람이 불다
服	옷
服を着る	옷을 입다
服を着替える	옷을 갈아입다
釜山(プサン)	부산【釜山】
二つ(の)	둘/두
普通	보통【普通】
普通の人	보통 사람
普通11時に寝ます。	보통 11시에 자요.
二日	이일【二日】
冬	겨울
降る	오다
雨/雪が降る	비가/눈이 오다
故郷	고향【故郷】
プレゼント	선물【膳物】
分	분【分】
30分	삼십 분
米国	미국【美国】
別に(ない)	별로【別-】
別に嬉しくない	별로 기쁘지 않다
勉強	공부【工夫】
勉強する	공부하다【工夫-】
僕	나
僕の	내
ほとんど	거의
ほとんどない	거의 없다
本	책【冊】
本を読む	책을 읽다
本当(に)	정말【正-】
本物	진짜
本屋	서점【書店】

ま

毎日	매일【毎日】
毎朝	매일 아침에
前	앞
学校の前に	학교 앞에
前の席	앞자리
まかせる	맡기다
孫	손자【孫子】
孫娘	손녀【孫女】
不味い	맛없다
待つ	기다리다
窓	창문【窓門】
窓を開ける	창문을 열다
ママ	엄마
万	만【万】
真ん中	가운데
見える	보이다
よく見えない	잘 안 보이다
磨く	닦다
歯/靴を磨く	이/구두를 닦다
水	물
店	가게
見せる	보이다
それを見せてください。	그걸 보여 주세요.
道	길
道が混む/渋滞する	길이 막히다
三日	삼일【三日】
三つ(の)	셋/세
みな	다
みんな一緒に	다 같이
皆さん	여러분
土産	선물【膳物】
見る	보다
みる(〜して)	〜해 보다
この服を着てみてください。	이 옷을 입어 보세요.
六日	육일【六日】
向かい(側)	맞은편
銀行の向かい側に	은행 맞은편에
向こう	건너편, 건너
道の向こうに	길 건너에
難しい	어렵다
試験が難しい	시험이 어렵다
息子	아들
娘	딸
六つ(の)	여섯
無理	무리【無理】
姪	조카
メール	메일
メールを送る	메일을 보내다
眼鏡	안경【眼鏡】
召し上がる	드시다, 잡수시다
申し訳ない	죄송하다【罪悚-】
申し訳ありません。	죄송합니다.
木曜日	목요일【木曜日】
文字	글씨
もちろん	물론【勿論】
もの	것
私の/僕のもの	내 것
もらう	받다
問題	문제【問題】

や

約束	약속【約束】
安い(値段が)	싸다
値段が安い	값이 싸다
安く	싸게
安く買う	싸게 사다
休む	쉬다
厄介だ	힘들다
八つ(の)	여덟
山登り	등산【登山】

やる 주다、～해 주다(～してやる)	
夕方	저녁
夕方に	저녁에
夕食	저녁
夕食を食べる	저녁을 먹다
友人	친구【親旧】
優等生	우등생【優等生】
雪	눈
雪が降る	눈이 오다/내리다
夢	꿈
良い	좋다
八日	팔일【八日】
幼稚園	유치원【幼稚園】
よく	자주、잘
よく喧嘩する	자주 싸우다
よく知っている	잘 알다
横	옆
コンビニの横に	편의점 옆에
四日	사일【四日】
四つ(の)	넷/네
予定【予定】	예정
読む	읽다
予約する	예약하다【予約-】
部屋を予約する	방을 예약하다

ら

ラーメン	라면
来月	다음달
楽だ	편하다【便-】
ラッキーだ	다행이다【多幸-】
略図	약도【略図】
略図を描く	약도를 그리다
留学	유학【留学】
留学に行く	유학을 가다
両替する	돈을 바꾸다
料理	요리【料理】
旅行	여행【旅行】
旅行に行く	여행을 가다
冷麺	냉면【冷麺】
歴史	역사【歴史】
レンギョウ	개나리
練習する	연습하다【練習-】
六月	유월【六月】

わ

ワカメスープ	미역국
分からない	모르다
よく分かりません。	잘 모릅니다.
分かる	알다
分かりました。	알았어요.
分ける	나누다
わたくしども	저희(들)〔謙譲語〕
私	나、저(謙譲語)
私達	우리
私の	내、제
渡る	건너다
橋を渡る	다리를 건너다
笑う	웃다

韓国語の基礎 I

検印省略	© 2016 年 1 月 15 日　　第 1 版 発 行
	2024 年 1 月 30 日　　第 6 刷 発 行
	2025 年 1 月 30 日　　第 2 版 発 行

著者　　　　　飯　田　秀　敏
　　　　　　　鄭　　　芝　淑
　　　　　　　飯　田　桃　子

発行者　　　　小　川　洋一郎

発行所　　　　株式会社　朝　日　出　版　社
　　　　　〒 101-0065 東京都千代田区西神田 3-3-5
　　　　　　　　電話 (03) 3239-0271・72 (直通)
　　　　　　　　http://www.asahipress.com/
　　　　　　振替口座　東京　00140-2-46008
　　　　　　　　　明昌堂／信毎書籍印刷

乱丁，落丁本はお取り替えいたします
ISBN978-4-255-55732-8 C1087

本書の一部あるいは全部を無断で複写複製（撮影・デジタル化を含む）及び転載することは、法律上で認められた場合を除き、禁じられています。